Uma Argumentação Consequencialista na Solução de Consulta Tributária

Uma Argumentação Consequencialista na Solução de Consulta Tributária

2017

Paula Gonçalves Ferreira Santos

UMA ARGUMENTAÇÃO CONSEQUENCIALISTA NA SOLUÇÃO DE CONSULTA TRIBUTÁRIA
© Almedina, 2017
AUTORA: Paula Gonçalves Ferreira Santos
DIAGRAMAÇÃO: Almedina
DESIGN DE CAPA: FBA
ISBN: 978-858-49-3229-0

Dados Internacionais de Catalogação na Publicação (CIP)
(Câmara Brasileira do Livro, SP, Brasil)

Santos, Paula Gonçalves Ferreira
Uma argumentação consequencialista na solução de consulta tributária / Paula Gonçalves Ferreira Santos. -- São Paulo : Almedina, 2017.
Bibliografia.
ISBN: 978-85-8493-229-0
1. Administração tributária 2. Argumentação consequencialista 3. Consulta (Processo tributário) 4. Direito tributário I. Título.

17-04533   CDU-34:336.2

Índices para catálogo sistemático:
1. Soluções de consulta tributária : Direito tributário 34:336.2

Este livro segue as regras do novo Acordo Ortográfico da Língua Portuguesa (1990).

Todos os direitos reservados. Nenhuma parte deste livro, protegido por copyright, pode ser reproduzida, armazenada ou transmitida de alguma forma ou por algum meio, seja eletrônico ou mecânico, inclusive fotocópia, gravação ou qualquer sistema de armazenagem de informações, sem a permissão expressa e por escrito da editora.

Maio, 2017

EDITORA: Almedina Brasil
Rua José Maria Lisboa, 860, Conj.131 e 132, CEP: 01423-001 São Paulo | Brasil
editora@almedina.com.br
www.almedina.com.br

*A minha mãe, que sempre esteve presente,
acreditando em mim e em meus sonhos.*

*A meu pai, que sempre me desafiou
a ser uma pessoa melhor do que estou.*

LISTAS DE ACRÔNIMOS

AFRFB	–	Auditor Fiscal da Receita Federal do Brasil
CF	–	Constituição Federal
Cosit	–	Coordenação-Geral de Tributação
Disit	–	Divisão de Tributação das Superintendências Regionais da Receita Federal do Brasil
In	–	Instrução normativa
IRPF	–	Imposto de Renda Pessoa Física
Eireli	–	Empresa Individual de Responsabilidade Limitada
PAF	–	Processo Administrativo Fiscal
RA	–	Regulamento Aduaneiro
RFB	–	Receita Federal do Brasil
SC	–	Solução de Consulta
STF	–	Supremo Tribunal Federal

SUMÁRIO

INTRODUÇÃO 11

1. O CONSEQUENCIALISMO 17
   1.1. O que é o Direito? 17
   1.2. A Teoria de Hart para MacCormick 24
   1.3. O institucionalismo de MacCormick 33
   1.4. A retórica jurídica para MacCormick 40
   1.5. A universalização 45
   1.6. A justificação da decisão 48
   1.7. Quais valores devem ser utilizados? 52
   1.8. A consistência e a coerência 55

2. A SOLUÇÃO DE CONSULTA 63
   2.1. A consulta tributária 64
   2.2. O procedimento de consulta tributária 69
       2.2.1. O procedimento de consulta tributária 69
       2.2.2. Efeitos das Soluções de Consulta 70
           2.2.2.1. Para a Administração 70
               2.2.2.1.1. Circunstâncias que permitem a Administração modificar o entendimento exarado em uma Solução de Consulta 74
               2.2.2.1.2. A não vinculação como principal efeito para o consulente 78
           2.2.2.2. Impossibilidade de se recorrer em face das Soluções de Consulta Tributária 79
       2.2.3. Matérias sobre as quais se podem pleitear uma consulta 82
       2.2.4. Órgãos competentes para responder as consultas 83

2.2.5.	Elementos formais para a formulação de uma consulta	85
	2.2.5.1. Requisitos e prazos para a formulação de consultas	85
	2.2.5.2. Procedimentos de tramitação das consultas	86
2.2.6.	Consequências da falta de resposta a uma consulta	87
2.3.	A natureza jurídica da consulta tributária	87
2.4.	As decisões judiciais e as soluções de consulta	92

3. UMA ARGUMENTAÇÃO CONSEQUENCIALISTA NA DECISÃO DE SOLUÇÃO DE CONSULTA   103
    3.1. A importância da justificação na argumentação jurídica   109
    3.2. O argumento consequencialista   120
    3.3. O argumento consequencialista na consulta tributária   134
    3.4. Exemplos de Soluções de Consulta sob a ótica do argumento consequencialista   138
       3.4.1. Servidão administrativa e indenização recebida   139
       3.4.2. Rescisão de contrato de trabalho e indenização recebida   141
       3.4.3. A utilização de crédito de precatório para compensar administrativamente débitos relativos a tributos administrados pela RFB   144
       3.4.4. A pena de cassação de administrador de recinto alfandegado   145

CONCLUSÕES   151
REFERÊNCIAS   155

INTRODUÇÃO

O processo de consulta tributária é um importante meio de prevenção de litígios entre os contribuintes e a Administração Tributária. Consiste, em síntese, no posicionamento do Fisco no que tange a uma dúvida do contribuinte concernente à aplicação da norma geral e abstrata a um fato concreto. Assim, mesmo antes da ocorrência do fato, o contribuinte pode questionar qual o posicionamento do órgão quanto à situação descrita. Parece ser lógico que conhecer o entendimento da Administração sobre a interpretação dada a determinada lei especificamente na sua aplicação sobre um fato concreto traz segurança ao contribuinte, orienta-o como deve agir e, por conseguinte, evita futuros conflitos.

Essa segurança se mantém mesmo que o contribuinte afetado pela interpretação exarada entenda que a decisão seja incorreta. Isso porque, tendo conhecimento dessa interpretação, ele vai poder se preparar para um futuro litígio judicial. Preparação essa que envolve tanto os argumentos jurídicos quanto os recursos financeiros necessários para que consiga pleitear sua demanda. Se não soubesse antecipadamente o entendimento da Administração Tributária, esse contribuinte que discorda da interpretação seria surpreendido pela fiscalização dos órgãos aplicadores da norma tributária.

Nos moldes atuais, a solução proferida em um processo de consulta tributária passou a ser uma verdadeira norma no âmbito da Administração Tributária, estando todos os seus servidores obrigados ao seu cumprimento. Essa nova configuração do instituto trouxe ainda mais segurança para os contribuintes, passou-se a ter certeza do modo como o Fisco irá agir, não somente em relação ao contribuinte que postulou a consulta, mas também em relação a todos os contribuintes. Nesse contexto, não há mais necessidade de que cada um dos obrigados tributários, sob um mesmo objeto, perfaça uma demanda junto ao órgão.

Essa certeza concernente ao modo de agir do Fisco foi também uma conquista importante. No quadro anterior, era comum os contribuintes se depararem com entendimentos completamente dissonantes sobre a aplicação da mesma norma a fatos idênticos.

Nesse caso, o contribuinte teria que apresentar uma consulta tributária, podendo inclusive ter que apelar para uma Solução de Divergência, que seria julgada pela Coordenação-Geral de Tributação (Cosit), órgão técnico especializado da Administração Tributária responsável pela unificação dos critérios, ou apelar para o Processo Administrativo Fiscal (PAF). Ocorre que a possibilidade de recursos não sana a insegurança e a dúvida anterior, quando o Fisco aplica de forma diversa a mesma lei para fatos concretos idênticos.

Apesar da evolução ocorrida no instituto de consulta tributária, é certo que ainda existe insegurança com relação à interpretação que será feita no bojo de uma Solução de Consulta. Nos dias de hoje, não existem critérios que possam respaldar a interpretação escolhida pela Administração Tributária no processo de decisão. A eleição de uma compreensão possível para a aplicação da norma ao fato concreto decorre da possibilidade de existir mais de uma interpretação que respeita o ordenamento jurídico para o caso objeto da celeuma. Isso ocorre principalmente nos casos em que inexiste uma leitura "óbvia" da norma, na qual o raciocínio lógico dedutivo basta para que se perfaça a interpretação.

No caso das consultas tributárias, o objeto da dúvida deve ser uma interpretação que não tenha um significado "óbvio", tendo em vista a proibição de consulta que verse a respeito de norma cujo conteúdo possa ser apreendido da sua literalidade. Não haveria mesmo sentido em se permitir que o consulente pudesse usufruir das benesses legais, a não incidência dos juros de mora (§ 2º do artigo 161 do CTN) e de multas, para uma consulta sobre norma de conteúdo incontroverso. Além do que a liberalidade poderia sobrecarregar o quadro de servidores da Administração Tributária, dificultando o cumprimento de outras funções essenciais.

A Solução de Consulta que faz uma escolha entre várias respostas disponíveis deve seguir parâmetros para essa seleção. Se não for assim, corre-se o risco de o auditor fiscal responsável pela confecção da decisão desbordar nos seus poderes, fazendo da solução uma decisão arbitrária. São os parâmetros que tornam exequível o controle sobre a Solução de Consulta, de modo a responsabilizar quem decide por qualquer arbitrariedade cometida.

Nesse contexto, está a utilização da argumentação consequencialista defendida na Teoria de MacCormick. Esse tipo de argumentação só é empregado depois de todo um caminho percorrido pelo intérprete. Assim, primeiro demarca-se uma moldura exegética por meio do raciocínio lógico dedutivo. Somente se houver mais de uma solução que atenda a esse critério, passa-se para o seguinte. Em subsequência, serão feitos os testes de consistência e de coerência e, somente então, se houver mais de uma solução que atenda a todos esses critérios, é que o intérprete passará para o último estágio, que é o do argumento consequencialista. Logo se vê que existem diversos parâmetros de controle para essa decisão, sendo de muita utilidade para o processo de consulta tributária a verificação da sua aplicabilidade na Solução de Consulta.

A definição antecipada dos parâmetros para a decisão em consulta tributária propicia ao contribuinte argumentar com esses critérios no pleito de consulta, haja vista que o contribuinte pode apresentar uma solução apropriada para a interpretação da norma em face do caso concreto. Aí está que o contribuinte poderá empregar esses argumentos para convencer o responsável pela decisão da verdade da sua conclusão.

Por outro lado, a argumentação consequencialista possibilita a evolução das normas sem que seja necessário movimentar o Poder Legislativo. O ordenamento jurídico está permeado por valores. A argumentação consequencialista utiliza esses valores jurídicos como premissas para consequências aceitáveis de uma norma construída no âmbito de um precedente (ou de uma Solução de Consulta). Desse modo, a modificação dos valores é retratada diretamente na interpretação feita sob os auspícios de uma argumentação consequencialista. A modificação da lei primária faz-se desnecessária para que se possa aplicar a norma em consonância com o sistema jurídico. Daí que em um mundo de constantes mudanças, mecanismos de ajustes céleres do arcabouço normativo podem promover maior segurança e legitimidade para os atos da Administração Tributária.

Os diversos benefícios que podem ser extraídos da utilização da Teoria de MacCormick na esfera de decisão de uma consulta não legitimam por si só a sua utilização. Assim que, em um primeiro momento, o problema enfrentado nesta pesquisa é saber da possibilidade de se utilizar um argumento consequencialista no âmbito de uma Solução de Consulta. Se a resposta for positiva, quer-se, em um segundo momento, identificar como deve ser feita essa argumentação consequencialista e quais parâmetros devem ser utilizados para a sua confecção. Com o intuito de conseguir demonstrar a utilização do argumento consequencialista, serão utilizadas Soluções de Consultas (SC) que foram escolhidas depois de um processo de análise das 642 (seiscentos e quarenta e duas) Soluções de Consultas exaradas pela Coordenação-Geral de Tributação (Cosit) entre 1º de janeiro de 2012 e 30 de junho de 2015. A escolha foi feita com base na justificação dessas SC, e buscou-se as decisões que se respaldaram ou que poderiam ter se respaldado em argumentos consequencialistas.

O trabalho segue um roteiro lógico para que seu leitor possa acompanhar as ideias e o desenvolvimento do raciocínio feito. No primeiro Capítulo, é feita uma descrição da Teoria de MacCormick, com o intuito de contextualizá-la com as acepções da teoria positivista e da teoria jusnaturalista. É apresentada a Teoria de Hart na concepção de MacCormick. O institucionalismo é explicado, para, em seguida, adentrar-se no raciocínio jurídico por meio da argumentação, o qual é representado por meio dos estudos de Perelman. Para que se entenda finalmente o argumento consequencialista, faz-se um caminho pela universalização, pela justificativa de uma decisão, pelos valores que devem ser utilizados nessa decisão, terminando com uma explicação atinente à consistência e à coerência.

O segundo Capítulo é dedicado à caracterização do instituto da consulta tributária. Explica-se o procedimento, por meio de seus legitimados, da discussão a respeito de seus efeitos – tanto para a Administração como para o consulente –, das matérias sobre as quais se pode pleitear uma consulta, dos órgãos competentes para respondê-las, dos elementos formais para a sua formulação e, finalmente, das consequências relativas à falta de resposta a uma consulta tributária. Depois dessa caracterização, determina-se qual a natureza jurídica da Solução de Consulta Tributária e, por último, faz-se um paralelo entre as decisões judiciais e as Soluções de Consulta, com o objetivo de demonstrar a aplicação da Teoria de MacCormick ao processo de resolução de consulta tributária.

No terceiro Capítulo, busca-se verificar a aplicação da Teoria de MacCormick na solução de uma consulta tributária. Para tanto, faz-se primeiro uma retomada do que foi relevado no primeiro Capítulo, principalmente no que concerne à justificação e ao argumento consequencialista, conceitos imprescindíveis para que se consiga aplicar a teoria em uma Solução de Consulta (SC). Em seguida, descreve-se como deve ser aplicada a teoria no bojo do processo decisório da consulta tributária. Por último, demonstra-se, com exemplos de decisões exaradas pela Cosit, o argumento consequencialista em uma SC.

A conclusão do trabalho é pela aplicabilidade da Teoria da MacCormick na decisão de consulta tributária. Nos dias de hoje, em face da pouca discussão a respeito do instituto no Brasil, parece intangível. Contudo, mostra-se necessário o avanço do tema para que se conquiste mais segurança jurídica neste processo decisório.

1
O Consequencialismo

1.1. O que é o Direito?

Alguns defendem a teoria de que os agentes morais são indivíduos autônomos que se autodeterminam. Os compromissos morais desses agentes são resultado da sua compreensão do que seria uma boa vida junto a outros agentes morais autônomos em uma comunidade humana. Nessa concepção, não existem autoridades morais nem regras ou relações morais institucionalizadas. Por outro lado, MacCormick define o direito por seu caráter institucionalizado, o que faz revelar uma profunda distinção conceitual entre direito e moral. Ambos envolvem uma ordem normativa, mas a moral concerne a uma base de indivíduos autônomos, ao passo que o direito a uma base institucionalizada, mantida pelo Estado e suas autoridades.[1]

Pode-se pensar em duas grandes teorias do Direito, a positivista e a jusnaturalista. Para os positivistas, o Direito pode ser diferenciado das outras coisas. Essa teoria defende o caráter de fenômeno social do direito, feito de atos comunicativos inter-relacionados. Esses atos comunicativos envolvem a identificação e a provisão de razões para o agir. Como resultado, o sistema legal tem limites, pois não se consegue dispor legalmente sobre todo o universo de experiência ou sobre uma gama completa de comportamento. Essa característica limitada é descrita de maneira distinta pelos pesquisadores, que, mesmo se autodenominando positivistas, discordam em algumas premissas. Uns focam no fenômeno que trata da separação

---

[1] MACCORMICK, Neil. *Instituciones del derecho*. Tradução de Fernando Atria e Samuel Tschorne, Madrid/Barcelona/Buenos Aires: Marcial Pons, 2011, p. 21.

entre direito e moral. Outros focam na distinção entre normas que são intencionalmente geradas e outras que não o são. Ainda, outros focam na natureza excludente ou limitada das razões legais para o ato. Todas são diferentes formas de explicar o mesmo ponto. Apesar dessa e de algumas outras discordâncias, os positivistas aquiescem que o direito necessariamente envolve alguma forma de discurso de ordem superior que abriga e carrega os atos que delimitam a constituição do sistema legal, o que Hart chamou "regras secundárias". [2]

Os positivistas procuram explicar os pressupostos por trás das afirmações descritivas de direito, que os dogmáticos jurídicos expõem. Procuram também tentar elaborar e explicar as estruturas lógicas e conceituais internas que dão uma forma racional à dogmática jurídica.[3] Para Hans Kelsen, maior expoente da corrente positivista, o normativismo reduz o espaço para a investigação sociológica dentro da hermenêutica jurídica para um ponto. Esse ponto é a pergunta sobre se uma determinada norma é realmente operativa ou, de um modo geral, eficaz sobre o território para o qual ela se pretende válida e vinculante.[4]

A teoria Jusnaturalista entende que o direito carrega a noção de justiça, isto é, para além de dizer o ser, o direito deve indicar o dever ser, no sentido de realizar, por seus mandamentos, a justiça – o que vai na direção oposta do que expressa o positivismo jurídico, tal como Kelsen o compreende. Para a teoria positivista, o conceito de lei não envolve a noção de justiça. A leitura que Kelsen faz da relação entre o direito e a moral caracteriza esses dois fenômenos normativos como absolutamente distintos. Dessa forma, a validade jurídica não depende nunca da validade moral. [5]

MacCormick entende que essa visão positivista merece críticas com relação ao distanciamento absoluto dos valores morais de uma sociedade. Reclama que, não menos que os Kelsenianos, os jusnaturalistas insistem na normatividade do Direito. Contudo, interpretam isso como sendo ou tendo necessariamente algum elemento moral. Se as leis operam no reino

---

[2] PETROSKI, Karen. Is post-positivism possible. *German LJ*, v. 12, p. 668-669.
[3] MACCORMICK, Neil; WEINBERGER, Ota. An institutional theory of law. *Springer Science & Business Media*, 1986, p. 2.
[4] MACCORMICK, Neil; WEINBERGER, Ota. An institutional theory of law. *Springer Science & Business Media*, 1986, p. 2.
[5] KIRALY, CESAR. *O guarda-chuva de regras*: um ensaio sobre a filosofia de Herbert Hart. São Paulo: Giz Editorial, 2008, p. 132-133.

do "dever", argumenta-se, o dever de cumprir a norma deveria ser um categórico intrínseco a cada indivíduo em face dos valores da sociedade. Leis concebidas em termos de dever pretendem ser e são dogmaticamente representadas como sendo obrigatórias. No entanto, elas podem sê-lo sob os auspícios de algo objetivamente bom, isto é, algum valor moral como razão para a sua obrigatoriedade. Deste ponto de vista, a tarefa dos dogmáticos jurídicos é inevitavelmente carregada pela moral, pois o que representa como legalmente obrigatório tem que ser, de alguma forma e em última instância, moralmente obrigatório. Aliás, MacCormick afirma que, se não pode ser assim, não poderia ser legalmente obrigatória (embora, é claro, poderia ser erroneamente, equivocadamente ou até mesmo deliberadamente e maliciosamente aplicada como tal pela Administração Pública). [6]

Tornando a questão um pouco mais confusa, existem pensadores que fazem uma crítica ainda mais enfática às teorias normativistas do conhecimento. Esses pensadores afirmam não haver aqui nenhuma questão de fato a ser conhecida. O reino do legal, do 'dever ser', é puro mistério. A única realidade a ser estudada aqui é a realidade por trás da conversa mistificada de 'normas', 'deveres', 'obrigações' e similares. O fato admitido de que as pessoas falam e escrevem sobre 'normas', 'deveres' e o resto está aberto para o estudo junto com os outros fatos do caso. Não obstante, é um fato sobre ilusões e erros que as pessoas cometem, não um fato sobre o próprio direito. Teorias da ideologia e da falsa consciência, de uma forma ou de outra, têm uma aplicação óbvia aqui. Tem que haver algum realista (que geralmente é tido como um materialista) representando tanto o que acontece como o que as pessoas desiludidas falam em termos normativos sobre "lei".[7]

Na verdade, esse tipo de pensamento crítico revela-se em suas mais abrangentes e imparciais visões, como um motor passando por cima dos positivistas e das versões naturalistas da teoria normativa. Positivistas, argumenta-se, tratam a lei como algo "dado", inquestionável em si mesmo, pedindo nenhuma explicação ou justificação ulterior. Assim, positivistas efetivamente legitimam ordens estabelecidas, reforçando a crença em

---

[6] MACCORMICK, Neil; WEINBERGER, Ota. An institutional theory of law. *Springer Science & Business Media*, 1986, p. 2.
[7] MACCORMICK, Neil; WEINBERGER, Ota. An institutional theory of law. *Springer Science & Business Media*, 1986, p. 2-3.

entidades não existentes, tudo em nome da neutralidade científica e do desapego.[8]

No entanto, houve proponentes do positivismo e da abordagem da dogmática jurídica que têm, sem dúvida, merecido uma crítica mais moderada. Para esses, a lei pode ser representada como se fosse simplesmente um dado da experiência. Isso realmente vai contra a visão positivista de que toda lei humana depende de atitudes humanas e vontades humanas, isto é, emerge a partir de fontes sociais. Esses proponentes acreditam que o conteúdo das leis será afetado, ou até mesmo determinado, por ideologias dominantes em um determinado lugar e tempo. Essas ideologias irão refletir, em algum grau, os interesses materiais nas leis. O que esses teóricos não fazem é nos levar a pensar que a sua qualidade de lei é a mesma coisa que os torna uma expressão da ideologia dominante, interesse de classe, ou o que quer que seja.[9]

Os jusnaturalistas entendem que representam o Direito como originado essencialmente de valores e direitos objetivos. Tendo em vista que o que o Estado tem é direito, as pessoas que vivem sob sua égide não obtêm o que o Estado ou os legisladores ou a ideologia dominante construída entendem como seu direito; elas obtêm o que realmente é seu direito, embora, claro, as vontades humanas e as instituições humanas têm de ser colocadas a serviço da segurança e da proteção desses direitos. Pode ser que existam corrupções ideológicas do direito, contudo exatamente o que isso pode representar está aquém da essência do direito; não uma revelação da verdadeira realidade subjacente. Nisso consiste a crítica dos que advogam pelo direito natural para com os positivistas em sua posição acrítica. Não mais que os positivistas, os defensores da teoria do Direito natural representam o direito como livre de valores – apesar de representarem um direito verdadeiro, o direito no seu significado focal, como incorporando valores que transcendem a vontade e o interesse humano –, que é realmente bom, além das distorções ideológicas ou crescentes corrupções dos interesses de classe ou individuais.[10]

---

[8] MACCORMICK, Neil; WEINBERGER, Ota. An institutional theory of law. *Springer Science & Business Media*, 1986, p. 3.

[9] MACCORMICK, Neil; WEINBERGER, Ota. An institutional theory of law. *Springer Science & Business Media*, 1986, p. 4.

[10] MACCORMICK, Neil; WEINBERGER, Ota. An institutional theory of law. *Springer Science & Business Media*, 1986, p. 4.

Para tentar entender como MacCormick ultrapassa a crítica feita aos positivistas Kelsenianos, é importante ter presente a sua concepção sobre a teoria e seus princípios, para então evoluir no seu pensamento. Assim que, para MacCormick, os princípios da doutrina positivista são: [11]

(i) a existência de leis não depende de nenhuma satisfação particular a valores morais de aplicação universal sobre todo o sistema legal;
(ii) a existência de leis depende de seu estabelecimento por decisões tomadas por seres humanos em sociedade.

Essa interpretação da doutrina da "origem social do direito" tem, no entanto, sofrido evolução, de várias formas, pelos positivistas contemporâneos, e a que MacCormick entende como sendo a mais frutífera é a de Hart. O problema, no entanto, é que, quando se tenta sondar e tentar ir além das linhas sugeridas por Hart em *Concept of Law*,[12] mais se fica inquieto com a primeira doutrina, a doutrina que estabelece a independência entre a moral e o direito positivo.[13]

Afirmar que a regra de reconhecimento é social constitui uma assertiva que dota de autonomia e segurança o regime do direito e, respectivamente, do estado de direito, compondo um campo teórico que não precisa responder, a cada passo, às vicissitudes morais. Hart mostra como o positivismo legal possui uma esfera conceitual delimitada que não olvida que seu fundamento último e, assim, superior, encontra-se fora do sistema de regras, mas não ignora que o direito necessita de uma esfera conceitual delimitada, para que seja capaz de funcionar enquanto instituição. Essa é a crença de um positivista legal.[14]

Tentar colocar os valores morais na leitura do Direito reclama a distinção entre definições. Um conceito de direito que permita a distinção entre a invalidade do direito e a sua imoralidade habilita-nos a ver a complexidade e a variedade destas questões separadas, ao passo que um conceito restrito de direito que negue validade jurídica às regras iníquas pode

---

[11] MACCORMICK, Neil; WEINBERGER, Ota. An institutional theory of law. *Springer Science & Business Media*, 1986, p. 129.
[12] LA HART, Hebert. *The concept of law*. Oxford: Oxford University Press, 1961.
[13] MACCORMICK, Neil; WEINBERGER, Ota. An institutional theory of law. *Springer Science & Business Media*, 1986, p. 130.
[14] KIRALY, CESAR. *O guarda-chuva de regras*: um ensaio sobre a filosofia de Herbert Hart. São Paulo: Giz Editorial, 2008, p.130.

cegar-nos para elas.[15] Mesmo que as regras concretas do direito interno pudessem estar em conflito com a moral, ainda assim os sistemas como um todo deveriam repousar numa convicção geralmente difundida de que há uma obrigação moral de obediência às suas regras, embora tal pudesse ser afastado em casos específicos de natureza excepcional.[16]

Para MacCormick, é necessário esquecer as áridas disputas acerca dos diversos tipos de positivismos e tentar entender as maneiras como as teorias valorativas têm aplicações frutíferas aos problemas e dilemas jurídicos.[17] O ponto aqui é: os positivistas não entendem que o direito normativo pressupõe ou é necessariamente enraizado em valores objetivos ou princípios imanentes ao direito. Os positivistas insistem em reclamar que, mesmo que esses valores objetivos ou princípios imanentes existam – o que pensam não estar provado e não ser suscetível de prova –, consideram possível explicar e dar conta das normas legais sem nenhuma dessas pressuposições, ao passo que o melhor seria poder arguir a existência de valores objetivos, sendo certo que estes permeiam os atos legais e as instituições.[18]

MacCormick não nega que leis repousam sobre valores incorporados e valores padrões; que eles, no fundo, são somente explicáveis em termos de princípios de direito; que a lei é sempre, em alguma medida, uma empreitada teleológica e, portanto, que as leis devem ser vistas sob a luz do seu aspecto teleológico. O autor postula que a sua forma de positivismo legal (nos textos mais recentes, tem se denominado como pós-positivista) expande as fronteiras do legal além do que tradicionalmente tem sido considerado pelos positivistas e inclui elementos de princípios, de valores e de relevantes argumentações consequencialistas das decisões legais, com o escopo de saber o que deve ser reconhecido como lei ou como legal.[19]

Lei, de acordo com MacCormick, consiste em um conjunto sistemático de formas inter-relacionadas de regras normativas que têm efeitos

---

[15] LA HART Herbert. *O conceito de direito*. Tradução A. Ribeiro Mendes. v. 3. 3. ed. ampliada. Lisboa: Fundação Calouste Gulbenkian, 1994, p. 228.
[16] LA HART Herbert. *O conceito de direito*. Tradução A. Ribeiro Mendes. v. 3. 3. ed. ampliada. Lisboa: Fundação Calouste Gulbenkian, 1994, p. 247.
[17] ATIENZA, Manuel. Entrevista a Neil MacCormick. *Doxa*, v. 29, p. 489.
[18] MACCORMICK, Neil; WEINBERGER, Ota. An institutional theory of law. *Springer Science & Business Media*, 1986, p. 4-5.
[19] MACCORMICK, Neil; WEINBERGER, Ota. An institutional theory of law. *Springer Science & Business Media*, 1986, p. 8.

como os descritos na discussão do problema da justificação no direito, que sugere ter o Direito uma natureza que deve ser justificável moralmente. Estas regras são apoiadas por outras normas, menos determinadas, como estandarte para a conduta e sua apreciação, por exemplo, princípios, políticas e valores. Nesse sentido, as normas que contam como regras de um dado sistema jurídico são aquelas que satisfazem os critérios de validade ou capacidade de vinculação de acordo com a doutrina do sistema de fontes formais do Direito, seja esta doutrina consagrada em uma constituição formal ou não.[20]

É importante ressalvar que existem autores que não acreditam em uma postura realmente inovadora de MacCormick. Para eles, nenhum dos detalhes da posição de MacCormick no "Institutions of Law", o resumo final dos seus comprometimentos teóricos, é distinto do núcleo da teoria positivista. MacCormick identifica o coração da sua teoria institucional do Direito com a proposição de que o direito é uma "ordem normativa institucional", isto é, heterônomo (vem de fora do ordenamento jurídico), assim como oficial e institucional, em contraste com a moral, que é autônoma, discursiva e controversa. Assim, MacCormick descreve o direito como um fenômeno social, com caráter sistêmico, envolvendo a comunicação e a suspensão de razões específicas para agir. Ele também entende que os sistemas legais e as instituições necessariamente contêm componentes autorreferidos. Para esses autores críticos da postura pós-positivista, uma das primeiras formas pelas quais MacCormick se expressa vai além do positivismo legal, considerando o trabalho de teóricos de fora do paradigma positivista. Contudo, o fato de usar um vocabulário parcialmente novo não faz com que sua posição se diferencie das outras. Nesse sentido, parece que MacCormick utiliza a marca pós-positivista por razões prudenciais: para evitar a pecha negativa do termo "positivista" ou para demonstrar a diferença da sua teoria em relação à dos outros.[21]

A discussão é interessante. Estabelecer se MacCormick traz realmente uma nova forma de positivismo ou se é tão somente uma releitura deste releva a epistemologia do direito no pensamento do autor. Contudo, é uma questão que não contribui para esta pesquisa. Sendo ou não a teoria de MacCormick uma nova forma de positivismo, o que se busca é comprovar a aplicação da sua teoria no âmbito da Solução de Consulta Tributária.

---

[20] MACCORMICK, Neil. Moralistic Case for A-Moralistic Law, A. *Val. UL Rev.*, v. 20, p. 5-7, 1985.
[21] PETROSKI, Karen. Is post-positivism possible. *German LJ*, v. 12, p. 675-676.

1.2. A Teoria de Hart para MacCormick

Hart foi o ponto de partida para as ideias trazidas por MacCormick. Foi na tentativa primeira de explicar a teoria desse autor que veio a evolução de seu pensamento consequencialista. Somente muito depois, é que MacCormick concebe não mais estar totalmente concorde com a teoria de Hart. No entanto, ainda assim, é de suma importância o entendimento de alguns aspectos da obra de Hart. Esse autor influenciou de tantas maneiras MacCormick, tanto no ato de concordar quanto no de refutar, que a falta de algumas de suas premissas pode dificultar a compreensão do que é o Consequencialismo.

Kelsen e Hart, dois grandes expoentes da teoria positivista, pertencem a tradições jurídicas distintas. Os dois partem de diferentes pressupostos filosóficos, no entanto depositam na tese da separação entre o direito e a moral importância central. O que há de comum entre Kelsen e Hart é a tentativa de determinar o objeto do direito, mostrando que a ciência que se ocupa desse objeto é autônoma com relação à moral. Não ficaria estranho localizar na filosofia do direito de Hart a preocupação com a origem difusa da moral e os diferentes juízos que diferentes concepções de moral podem ter com relação ao mesmo sistema normativo – a ideia de que um chinês e um brasileiro teriam uma leitura completamente distinta de um determinado dispositivo legal. Também não traria qualquer surpresa localizar em Hart a afirmação de que a injustiça de um sistema de regras, ao invés de demonstrar a insuficiência do ordenamento, demonstra os valores do intérprete, da mesma forma com relação à autonomia da validade das regras.[22] Não seria o sistema injusto, mas a exegese feita sobre ele.

Kelsen e Hart se distanciam bastante no que concerne ao papel da moral com relação ao Direito. Para Kelsen, do ponto de vista epistemológico, o Direito, para se consolidar como ciência, tem de se ver livre dos pressupostos morais. Para Hart, a moral influencia e forma o Direito quando possibilita diferentes compreensões dele. Apesar dessa visão mais aberta, Hart entende que o Direito não pode ter sua aplicação limitada por conta da moral. Em casos de injustiça, a soberania deve tomar medidas de estruturação da jurisprudência com o escopo de entender como se dá o injusto. Assim que, para Hart, a moral e a justiça devem estar subjacentes ao sis-

---

[22] KIRALY, CESAR. *O guarda-chuva de regras*: um ensaio sobre a filosofia de Herbert Hart. São Paulo: Giz Editorial, 2008, p. 133-134.

tema jurídico ou, no mínimo, deve haver uma convicção ampla e difundida de que existe uma obrigação moral de obediência a esse sistema. [23]

Além de entender que o direito não é limitado pela moral, tendo em vista sua autonomia, Hart reclama que as leis não estão prontas quando descobertas pela razão (visão jusnaturalista do Direito), mas que os homens são responsáveis pela sua invenção. A validade da lei, nessa circunstância, depende de fatores externos determinantes. [24]

A preocupação de Hart na sua obra mais comentada, *Concept of Law*,[25] não era interpretativa, nem sequer era a fase de aplicação judicial do direito. Era uma preocupação bem mais conceitual, interessada mais na regra de reconhecimento que nas de alteração e nas de adjudicação.[26]

Para Hart, existem as regras primárias, que denotam uma obrigação. Essas regras trazem incerteza quanto ao seu cumprimento, um fator que motive o cidadão para que cumpra espontaneamente as obrigações impingidas pela regra. Introduz-se, então, uma regra de reconhecimento. Esta especificará algum aspecto (ou aspectos) cuja existência de uma dada regra é tomada como uma indicação afirmativa e concludente da autoridade que essa regra tem sobre o grupo social, devendo ser a mesma apoiada pela pressão social que o grupo exerce.[27]

Se não houver um remédio, o regime de regras estáticas se quedará estático, imutável, mesmo com a evolução social do grupo sob a égide do regime. Assim, Hart propõe a introdução de "regras de alteração". A sua forma mais simples confere poder a um indivíduo, ou a um corpo de indivíduos, para substituir as antigas regras primárias por novas, no intuito de melhor conduzir a conduta dentro de um determinado grupo social.[28]

Evidentemente, haverá uma conexão muito estreita entre as regras de alteração e as regras de reconhecimento. As regras de reconhecimento

---

[23] KIRALY, CESAR. *O guarda-chuva de regras*: um ensaio sobre a filosofia de Herbert Hart. São Paulo: Giz Editorial, 2008, p. 134.
[24] KIRALY, CESAR. *O guarda-chuva de regras*: um ensaio sobre a filosofia de Herbert Hart. São Paulo: Giz Editorial, 2008, p. 134.
[25] LA HART, Hebert. *The concept of law*. Oxford: Oxford University Press, 1961.
[26] BENGOETXEA, Joxerramón. Razonamiento jurídico y post-positivismo: la contribución de Neil MacCormick. *Anuario de filosofía del derecho*, n. 26, p. 267-288, 2010, p. 272.
[27] LA HART Herbert. *O conceito de direito*. Tradução A. Ribeiro Mendes. v. 3. 3. ed. ampliada. Lisboa: Fundação Calouste Gulbenkian, 1994, p. 104.
[28] LA HART Herbert. *O conceito de direito*. Tradução A. Ribeiro Mendes. v. 3. 3. ed. ampliada. Lisboa: Fundação Calouste Gulbenkian, 1994, p. 105.

exigem uma referência a essas regras de alteração, como um aspecto identificador, para que se possa compreender a quem se reconhece autoridade para alterar o quê.²⁹

Dessa forma, existem, para Hart, duas condições mínimas necessárias e suficientes para a existência de um sistema jurídico. Por um lado, as regras de comportamento – sendo válidas segundo os critérios últimos de validade do sistema – devem ser, na maior parte das vezes, obedecidas (nos casos em que houver inobservância, serão encetadas as consequências estipuladas na norma). Por outro lado, as regras de reconhecimento, que especificam os critérios de validade jurídica, e as regras de alteração, que devem ser efetivamente aceitas como padrões públicos comuns de comportamento oficial pelos seus funcionários, os quais não devem deixar de aplicá-las, ou simplesmente deturpá-las.³⁰

MacCormick entende não estar claro na obra de Hart a relação entre uma regra de reconhecimento e a Constituição de um país. Em sua crítica, MacCormick argumenta que uma Constituição dificilmente poderia ser considerada em si uma regra de reconhecimento. Isso ocorre porque a primeira, e fundamental, obrigação dos juízes, nos países com Constituição escrita, é defender e dar efeito à Constituição. A Constituição, ela mesma, é que tem de ser reconhecida como a instância suprema de lei vinculativa. Por isso, é a própria Constituição que deve ser reconhecida nos termos de uma regra de reconhecimento, em vez de ser identificada como tal. Tendo em vista sua vinculação, transforma-se em suprimento, mesmo que subordinado, de critérios para o reconhecimento de leis que vinculam cidadãos e tribunais.³¹

A Teoria de Hart, para MacCormick, deve ser analisada sobre o conteúdo mínimo do direito natural. Quando Hart configura como direito natural o conjunto de vários postulados a respeito do conteúdo mínimo da ordem jurídica derivada dessas reflexões a respeito do papel antropológico do direito (o homem cria o Direito utilizando-se de sua bússola moral e seu senso de justiça), ele está certo até um ponto. No ponto em que todo

---

²⁹ LA HART Herbert. *O conceito de direito*. Tradução A. Ribeiro Mendes. v. 3. 3. ed. ampliada. Lisboa: Fundação Calouste Gulbenkian, 1994, p. 105-106.
³⁰ LA HART Herbert. *O conceito de direito*. Tradução A. Ribeiro Mendes. v. 3. 3. ed. ampliada. Lisboa: Fundação Calouste Gulbenkian, 1994, p. 128.
³¹ MACCORMICK, Neil; WEINBERGER, Ota. An institutional theory of law. *Springer Science & Business Media*, 1986, 183.

sistema legal, enquanto uma estrutura institucional, deve ostentar certas características no conteúdo de suas leis. Contudo, MacCormick afirma que tais restrições ao possível conteúdo do sistema legal não podem ser retiradas do direito natural, mas sim a partir da definição das características do conceito material de direito, que somente é focado quando a lei é considerada não somente em termos estruturais, mas também no sentido da sua função social.[32] Daí a produção do Direito não ser uma criação dentro do próprio Direito (autônoma), porém uma criação da sociedade (heterônoma).

Para MacCormick, o que há de mais relevante no pensamento Hartiano é o ponto de vista interno. A regra de reconhecimento e funcionamento das normas jurídicas implica que os destinatários vão dar a elas um elemento de regulação ou de natureza vinculativa e irão compreender o seu significado. De um ponto de vista externo, o observador talvez pudesse não entender pela existência de regras e acabar por descrever os comportamentos como uma coleção de regularidades. Mesmo que compreendesse a existência de regras, a visão externa não explica porque as regras são vinculantes.[33] Somente o observador interno, que compreende a funcionalidade do sistema, é capaz de explicar a vinculação das normas. Para esse observador, o comportamento repetido não é apenas uma coleção de regularidades, mas um padrão exigido pelo sistema aos cidadãos que se conformam a ele. Por isso, somente de uma visão interna se é capaz de compreender o que são hábitos sociais e o que são hábitos regidos por uma norma jurídica.

Só se pode falar em hábitos criados (tanto os sociais como os que se originam de uma norma) quando se descreve a conduta do homem. Em consequência, MacCormick entende que se deve adicionar à mera descrição de regularidades no comportamento humano (feita pelo observador externo) uma pesquisa sobre as atitudes que as pessoas tomam para com os outros (observador interno). No caso de desvios em alguns padrões de comportamento, as pessoas expressam atitudes críticas umas para com as outras e algumas vezes para com elas mesmas. As pessoas têm um con-

---

[32] MACCORMICK, Neil; WEINBERGER, Ota. *An institutional theory of law*. Springer Science & Business Media, 1986, p. 118.

[33] BENGOETXEA, Joxerramón. Razonamiento jurídico y post-positivismo: la contribución de Neil MacCormick. *Anuario de filosofía del derecho*, n. 26, p. 267-288, 2010, p. 273.

junto especial de formas de linguagens dadas para a expressão da atitude – palavras como 'dever ser', 'deve', 'deveria', 'direito', 'errado'. A atitude de quem está sob esse ponto de vista interno necessariamente compreende tanto o elemento cognitivo como o volitivo. Como elemento cognitivo, MacCormick entende a capacidade de conceber os padrões de conduta – quer dizer, a capacidade para entender a concepção não apenas de eventos concretos particulares, mas também de correlação geral e abstrata dos atos com as circunstâncias. No que concerne ao elemento volitivo, entende que é uma questão de preferência, algum compromisso constante da vontade, em favor da conformidade do agir no modo concebido, sempre que ocorram circunstâncias relevantes.[34]

A preferência, expressa no elemento volitivo, tem, para MacCormick, base em valores sociais. O indivíduo escolhe se comportar de uma determinada maneira por conta de preferências fundamentadas em valores. Assim que aonde as pessoas demonstram preferências necessariamente existem valores. O observador interno determinará suas atitudes, por conta do elemento volitivo, respaldado por valores.

Interessante perceber que Hart conceitua os elementos cognitivo e volitivo como dois aspectos do sistema jurídico, aos quais se deve atender se se quer ter desse sistema uma visão realista. O elemento cognitivo abrange as atitudes e os comportamentos implicados na aceitação voluntária das regras. O elemento volitivo, as atitudes e comportamentos mais simples envolvidos na pura obediência ou aquiescência.[35] No entanto, Hart não vê o elemento volitivo como fruto dos valores sociais. Daí a crítica de MacCormick ao autor.

Retomando a questão moral no pensamento de Hart, MacCormick visualiza dois estágios do argumento desse autor em que os valores morais aparecem implícitos na sua doutrina de modo significativo.[36]

O primeiro estágio é quando Hart procura elucidar a natureza daquelas classes de regras sociais em que as obrigações são fundadas. Ele nos conta que algumas regras são consideradas importantes porque sua observância

---

[34] MACCORMICK, Neil; WEINBERGER, Ota. An institutional theory of law. *Springer Science & Business Media*, 1986, p. 131-132.

[35] LA HART Herbert. *O conceito de direito*. Tradução A. Ribeiro Mendes. v. 3. 3. ed. ampliada. Lisboa: Fundação Calouste Gulbenkian, 1994, p. 217.

[36] MACCORMICK, Neil; WEINBERGER, Ota. An institutional theory of law. *Springer Science & Business Media*, 1986, p. 132.

assegura condições essenciais e altamente valorizadas da vida social. Essas regras são também suportadas por séria pressão social, a qual inclui tanto o apelo à consciência individual como o recurso à coerção ou até mesmo às sanções formais.[37]

Tais regras, diz Hart, são regras de obrigação. É obrigatório não mentir ou enganar, não perpetrar assaltos violentos. Existe um contraste com outros tipos de regras normativas relativas ao 'dever fazer' das pessoas, como falar de modo gramaticalmente correto.[38]

A significância teórica disso para Hart é que a lei compartilha com a moralidade pontos de similaridades que distinguem essas duas ciências (a Moral e o Direito) de todos os outros sistemas de regras pertinentes a obrigações. Existem requisitos legais e morais que não são opcionais. O 'dever' do requisito ou obrigação é mais forte que o 'dever' das regras de linguagem, regras de jogos, ou de etiqueta.[39]

Como dito, existe um segundo estágio para o qual MacCormick chama atenção no presente contexto de referência implícita aos valores na teoria do direito de Hart. Quando Hart dá conta da natureza da moralidade no *Concept of Law*[40], ele sublinha a importância dada a certas regras para a vida social ou certas características suas valorizadas. Isso, em conjunto com três outras características irrelevantes, ele pega como sendo distintivo para moralidade em oposição as simples regras comportamentais ou de etiqueta.[41]

Assim, a ideia de que algumas regras são consideradas mais importantes que outras no ponto de vista interno é crucial para Hart. Vai para a explicação de obrigações legais e morais; e vai para sua explicação de moralidade. Obrigações dependem, ao menos em parte, no nível de importância das regras.[42]

---

[37] MACCORMICK, Neil; WEINBERGER, Ota. An institutional theory of law. *Springer Science & Business Media*, 1986, p. 132.

[38] MACCORMICK, Neil; WEINBERGER, Ota. An institutional theory of law. *Springer Science & Business Media*, 1986, p. 132.

[39] MACCORMICK, Neil; WEINBERGER, Ota. An institutional theory of law. *Springer Science & Business Media*, 1986, p. 133.

[40] LA HART, Hebert. *The concept of law*. Oxford: Oxford University Press, 1961.

[41] MACCORMICK, Neil; WEINBERGER, Ota. An institutional theory of law. *Springer Science & Business Media*, 1986, p. 133.

[42] MACCORMICK, Neil; WEINBERGER, Ota. An institutional theory of law. *Springer Science & Business Media*, 1986, p. 133.

Para MacComick, a ideia de nível de importância das regras compromete Hart. Níveis de importância implica um *ranking* de valores. Portanto, a proposição de MacCormick no sentido de que, do ponto de vista interno, as leis devem ou se constituir de valores ou ser úteis a eles não pode ser negada por Hart. É uma implicação necessária para essa teoria.[43]

O nível de relativa importância dos valores, na concepção de MacCormick, permite, na teoria Hartiana, definir certos valores como valores morais. Sendo assim, certos tipos de regras legais devem estar fundados em valores que são também valores morais. A lei impõe obrigações, por meio de regras, e as regras que impõem obrigações são (na teoria de Hart) aquelas constituídas ou que se servem de importantes valores.[44]

Essa insistência de MacCormick em demonstrar o viés jusnaturalista da obra de Hart advém da relutância de Hart em aceitar essa tendência.[45] No entanto, é possível encontrar na obra de Hart essa questão subjacente aos valores apontada por MacCormick:

> As leis exigem interpretação, se quisermos aplicá-las aos casos concretos, e uma vez removidos os mitos que obscurecem a natureza dos processos judiciais através de estudo realista, torna-se patente que a textura aberta do direito deixa um vasto campo à atividade criadora que alguns designam como legislativa. Os juízes não estão confinados, ao interpretarem, quer as leis, quer os precedentes, às alternativas de uma escolha cega e arbitrária, ou à dedução "mecânica" de regras com um sentido pré-determinado. **A sua escolha é guiada muito frequentemente pela consideração de que a finalidade das regras que estão a interpretar é razoável, de forma que não se pretende**

---

[43] MACCORMICK, Neil; WEINBERGER, Ota. An institutional theory of law. *Springer Science & Business Media*, 1986, p. 133.

[44] MACCORMICK, Neil; WEINBERGER, Ota. An institutional theory of law. *Springer Science & Business Media*, 1986, p. 132-133.

[45] Na entrevista de MacCormick feita por Atienza (ATIENZA, Manuel. Entrevista a Neil MacCormick. *Doxa*, v. 29, p. 479-89, 2006), essa relutância fica clara: "Hasta entonces, la mayor parte de mis propios escritos y de mis enseñanzas habían tenido lugar dentro del paradigma hartiano, y mi conclusión em el libro consistia em gran medida en un amplio acuerdo con la obra de HART, tal y como yo la interpretaba. Posteriormente, resultó claro que mi interpretación situaba a HART mucho más cerca de la tradición del "Derecho Natural" de lo que él deseaba. Sus últimos añosy el poscripto póstumo a El Concepto de Derecho" de lo que él deseaba. Sus últimos años y el postcripto póstumo a El Concepto de Derecho (en la segunda edición) estuvieron marcados por uma adhesión aún más firme que antes al positivismo inclusivo".

com as regras criar injustiças ou ofender princípios morais assentes. Uma decisão judicial, especialmente em questões de alta importância constitucional, envolve frequentemente uma escolha entre valores morais e não uma simples aplicação de um único princípio moral proeminente; será tolice acreditar que, quando o significado do direito é objeto de dúvidas, a moral tem sempre uma resposta clara a dar. Neste ponto, os juízes podem de novo fazer uma escola que não é, nem arbitrária, nem mecânica; e aqui mostram frequentemente virtudes judiciais características, cuja especial adequação à decisão jurídica explica por que razão alguns sentem relutância em designar tal atividade judicial como "legislativa". Essas virtudes são as seguintes: imparcialidade e neutralidade ao examinar as alternativas; consideração dos interesses de todos os que serão afetados; e preocupação com a colocação de um princípio geral aceitável como base racional de decisão. Sem dúvida, porque é sempre possível uma pluralidade de tais princípios, não pode ser demonstrado que certa decisão é a única correta: mas essa pode tornar-se aceitável como produto racional de escolha esclarecida e imparcial. Em tudo isto, temos as atividades de "pesar" ou de "equilibrar", características do esforço para fazer justiça entre interesses conflitantes[46]. (Grifo nosso)

Nesse sentido, MacCormick aponta que entender a conduta governada por regras a partir do "ponto de vista interno" é essencial para desenvolver uma teoria clara e convincente das normas, sendo certo que as regras são somente um tipo de norma. A análise do Direito como a união de regras primárias e secundárias – ainda que cheia de valiosas intuições – é, para MacCormick, ao final, incompleta e insatisfatória. Seria necessário um novo começo. Uma versão de uma "teoria da norma básica" é mais satisfatória que uma teoria de uma "regra de reconhecimento" para explicar a unidade de um sistema jurídico no contexto de um Estado Constitucional (ou de Direito). As instituições jurídicas se conectam com a política e a economia e têm caráter fundamental para o Estado e para a sociedade civil. O Direito penal é uma parte essencial dos fundamentos da paz social e, por isso, da sociedade civil. Tudo isso está distante da concepção Hartiana do Direito. O Direito e a Moral são conceitualmente distintos, mas segue sendo certo que elementos mínimos de respeito pela justiça são

---

[46] LA HART Herbert. *O conceito de direito*. Tradução A. Ribeiro Mendes. v. 3. 3. ed. ampliada. Lisboa: Fundação Calouste Gulbenkian, 1994, p. 220-221.

essenciais para o reconhecimento de uma ordem normativa com caráter "jurídico". [47]Hart foi longe na sua tentativa de demonstrar o quão Direito e Moral devem ser apartados. Chegou a afirmar que a distinção entre um bom sistema jurídico, que se conforma em certos pontos com a Moral e a Justiça, e um sistema jurídico ruim, que não se pauta nos valores vigentes em uma sociedade, é falaciosa. Isso ocorre porque, mesmo no sistema jurídico ruim, é necessariamente realizado um mínimo de justiça sempre que o comportamento humano é controlado por regras gerais anunciadas publicamente e aplicadas por via judicial. Para Hart, a justiça na aplicação do direito não consiste noutra coisa senão na tomada a sério da noção de que aquilo que deve aplicar-se a uma multiplicidade de pessoas diferentes é a mesma regra geral, sem desvios causados por preconceitos, interesses ou caprichos.[48]

Apesar de parecer contraditório, Hart não pretende excluir do direito toda referência à justiça. O seu objetivo é sustentar que se deve separar conceitualmente o Direito e a Moral, o que é e o que deve ser Direito. Por outro lado, a sua insistência na "aceitação interna das normas" (aspectos cognitivo e volitivo) como um elemento essencial para compreender e explicar o Direito deixa bem evidente que, para ele, o Direito não pode se reduzir à coação – o que denota algum tipo de aceitação do Direito como justo. E, finalmente, como visto na transcrição feita logo acima, o próprio Hart considera uma característica do positivismo jurídico a "tese da discricionariedade judicial", quer dizer, a tese de que, nas situações duvidosas que aparecem no julgamento do caso concreto em face do Direito, o juiz cria o direito, embora, ao mesmo tempo, esteja submetido a uma série de condições jurídicas que limitam a sua escolha. Admitindo o juiz uma regra de reconhecimento, o positivismo jurídico de Hart, aceita, de início, o uso dos princípios gerais do Direito e dos tópicos jurídicos pelo juiz.[49]

Concluindo com MacCormick:

> Ser um positivista nesses termos não é considerar a superioridade do Direito em face de considerações morais, ou tratar o Direito como um fenô-

---

[47] ATIENZA, Manuel. Entrevista a Neil MacCormick. *Doxa*, v. 29, p. 482.
[48] LA HART Herbert. *O conceito de direito*. Tradução A. Ribeiro Mendes. v. 3. 3. ed. ampliada. Lisboa: Fundação Calouste Gulbenkian, 1994, p. 220-222.
[49] RODRIGUEZ, Manuel Atienza. *As razões do direito*: teorias da argumentação jurídica. Tradução de Maria Cristina Guimarães Cupertino. São Paulo: Landy, 2000, p.86.

meno indiferente à moral. É sim apresentar o Direito como uma forma de prática social ou uma instituição social que deve estar sujeita a uma permanente crítica moral, uma crítica fundada em princípios de uma moralidade iluminada, princípios que podem ter variações tão radicais com relação aos princípios e aos valores do Direito existentes como a marca do liberalismo de Hart varia do moralismo conservador de Lords Simonds ou mesmo Lord Devlin.[50]

A crítica é das mais pertinentes, pois, no final das contas, ao juiz é dado decidir da maneira que entende estar legitimado pelo ordenamento jurídico. Ao acreditar haver uma regra de reconhecimento que respalde a sua decisão em razão de um determinado princípio de direito (e, como bem fala MacCormick, o número de princípios utilizáveis aqui é sem fim), a decisão do juiz é válida. Parece que, na verdade, não existem condições jurídicas que limitem a escolha do hermeneuta na teoria Hartiana.

1.3. O institucionalismo de MacCormick

São os próprios homens que criam o direito. São os homens, por meio das instituições por si criadas, que conduzem e promovem a conduta a ser verificada em sociedade.[51] As instituições dão ao ordenamento jurídico autoridade e coercibilidade – a legitimidade necessária para que os indivíduos, na maior parte das situações, obedeçam sem questionamentos.

Indo mais longe no raciocínio, as instituições criam o direito e o direito concebe os institutos necessários para se viver em sociedade. Não haveria crimes nem delitos e, portanto, nem homicídios, nem furtos, se não houvesse leis criminais do tipo imperativo. O crime tem de estar na lei, senão o ato não passa de mais um fato social. Pode-se dizer que também não haveria compras e vendas, nem doações, nem testamentos ou casamentos, se não existissem as regras que conferem poderes para que se perfectibi-

---

[50] O texto é uma tradução livre do original encontrado em MACCORMICK, Neil; WEINBERGER, Ota. An institutional theory of law. *Springer Science & Business Media*, 1986, p. 139. O original, em seus exatos termos, estabelece que: "To be a so-called positivista in this mould is not to assert the superiority of law to moral considerations no to treat it as a morally indifferent phenomenon. Rather, it is to present law as a form of social practice or social institution which has to be subjected to a permanent moral critique, a critique founded on principles of enlightened morality, principles and values of the law as Hart's brand of liberalism varies from the conservative moralism of a Lord Simonds or even a Lord Devlin".
[51] MACCORMICK, Neil. Moralistic Case for A-Moralistic Law, A. *Val. UL Rev.*, v. 20, p. 5-7, 1985.

lizem essas relações jurídicas. Estes atos, tal como as decisões dos tribunais ou as determinações dos corpos legislativos, consistem justamente no exercício válido de poderes jurídicos.⁵²

Neste ponto, é importante fazer uma diferenciação: quando se fala de política, fala-se de poder (de fato), por outro lado, quando se fala do direito, fala-se sobre a ordem normativa (poder confinado no "dever ser").⁵³ Assim que o direito tem positividade. Olha-se para o direito com o objetivo de se obter respostas a perguntas sobre o que é obrigatório ou permitido dentro de alguma esfera de tomada de decisões. Dentro dessa esfera de tomada de decisão, o que a lei prescreve é o que "deve" ser feito para satisfazer o sistema institucionalizado. Pensando-se em um pressuposto sistema, a lei estabelece o que é obrigatório ou permitido, não o que, de algum ponto de vista ideal, deveria ser obrigatório ou permitido.⁵⁴

Entrando mais a fundo na questão da institucionalização, pode-se conceber um contraste entre política e moral, no qual o direito faz as vezes de ponte. O direito é tanto uma norma como uma ordem institucional, conectando-se, assim, com os dois polos desse contraste. Como ordem normativa, ele replica certas características da moralidade, e se conecta necessariamente à moralidade de determinadas maneiras. Como uma ordem institucional, ele se conecta necessariamente à política e é, em parte, constitutivo da política, ao passo que é necessário para a manutenção de uma política bem conduzida dos sistemas de direito positivo e, especialmente, do direito de Estado.⁵⁵ Esse papel do direito dá suporte a sua legitimação e a todo o sistema que o criou (ou o mantém).

Entender esse direito que dá suporte à sociedade em que se vive reclama uma análise holística. Uma sentença ou proposição só faz sentido quando se está diante de todo o conjunto de normas, dentro de um contexto. Nesse sentido, juízos e deliberações normativos não devem ser tomados em face de normas isoladas, mas sim de alguma concepção de ordem normativa

---

[52] LA HART Herbert. *O conceito de direito*. Tradução A. Ribeiro Mendes. v. 3. 3. ed. ampliada. Lisboa: Fundação Calouste Gulbenkian, 1994, p. 40.
[53] MACCORMICK, Neil. Institutional normative order: a conception of law. *Cornell L. Rev.*, v. 82, 1996, p. 1063.
[54] MACCORMICK, Neil. Institutional normative order: a conception of law. *Cornell L. Rev.*, v. 82, 1996, p. 1064.
[55] MACCORMICK, Neil. Institutional normative order: a conception of law. *Cornell L. Rev.*, v. 82, 1996, p. 1066-1067.

sobre a forma como as coisas deveriam ser. Isso leva ao relevo da ideia de "ordem normativa." A ordem normativa é um tipo ideal de ordem. O conceito de ordem normativa é prático, tanto no sentido de que orienta a práxis, orienta o que fazemos, como também de que é prático, no sentido de praticável. É uma ordem para a qual se olha como um estado realizável do mundo, dadas as coisas como elas são e as pessoas como elas são, aqui e agora, na medida do que é realizável, o mundo é um mundo melhor, mais satisfatório, do que se não estivesse prevista nenhuma orientação para se seguir.[56]

Tentar descrever o que é lei, ou até a própria ideia de direito, pode ser um pouco vago. Falar que o direito não é somente um conjunto de instituições, mas uma instituição em si não traz ao receptor da mensagem a segurança do que realmente é o direito. Em verdade, o que se tem é um conceito abstrato que pode dar vazão às mais diversas formas de entendimento do que é o Direito. Contudo, não é por ser vago que esse conceito é ininteligível ou inútil.[57] Os conceitos vagos não trazem a concretude do objeto do discurso, porém ajudam a galgar o caminho sobre os limites desse objeto. No mínimo se tem o que não é direito: qualquer norma que não participe dessa instituição. Isso porque, em outro sentido, o direito é feito de regras. Todavia, não só o direito se utiliza delas, tem-se regras da moral, de etiqueta, da Igreja, do clube da esquina. Enfim, na nossa sociedade, existem inúmeros tipos de regras.

Interessante notar como toda a nossa conduta social sofre influência de fatos institucionais (regras). Essa questão não se resume a determinar quanto dos nossos atos é conscientemente conduzido sobre a influência desses fatos institucionais. A problemática é ainda mais profunda. Ela se refere à nossa conduta social, a qual pode ser descrita pela menção a fatos institucionais, representações legais, normas implícitas ou regras constitutivas. Mais genericamente, o ponto está na relação entre teoria e prática.[58]

---

[56] MACCORMICK, Neil. Institutional normative order: a conception of law. *Cornell L. Rev.*, v. 82, 1996, p. 1053-1054.

[57] SCHAUER, Frederick. Institutions and the concept of law: a reply to Ronald Dworkin (with some help from Neil MacCormick). *Law as institutional normative order*: essays in honour of sir neil maccormick. M. Del Mar, ed., Ashgate, 2009, p. 6-7. Disponível em: <http://ssrn.com/abstract=1403311>. Acesso em: 22 out. 2015.

[58] DEL MAR, Maksymilian; BANKOWSKI, Zenon (Ed.). *Law as institutional normative order*. Edinburgh Centre for Law and Society: Ashgate Publishing, Ltd., 2013, p. 5.

Os homens podem, na verdade, adquirir de forma praticamente literal o hábito de acatarem certas leis – foi o que aconteceu em algumas cidades do país quando passou a ser obrigatória a parada dos carros nas faixas de travessia de pedestres: os motoristas se habituaram à norma. No entanto, quando a lei vai contra inclinações profundas como sucede, por exemplo, com as leis que exigem o pagamento de impostos, o nosso acatamento eventual dessas leis, ainda que regular, não tem a natureza isenta de reflexão, sem esforço e enraizada, de um hábito.[59] Fica clara a impossibilidade de se determinar o que é certo ou errado simplesmente pelo que se tem inclinação de obedecer sem nenhum ímpeto de contestar. Há determinados hábitos que estão certos, mesmo quando são contra a vontade interior do sujeito.

Só por referência a uma ordem normativa institucionalizada é possível estabelecer a diferença entre ações certas e erradas. As ações estão certas quando não são excluídas da ordem concebida. As erradas estão excluídas como ações, sendo negada a sua realização na intenção.[60]

Assim, a ordem normativa não está em contraste absoluto com a realidade. Muita coisa do que se passa é perfeitamente compatível com o que é certo do ponto de vista de qualquer atitude moral razoável. Essa é a razão, pelo menos em parte, que faz com que as pessoas compartilhem sistemas jurídicos e atitudes morais ou convirjam nas exigências morais e concepções de ordem moral que endossam.[61]

A teoria institucional proposta por MacCormick supõe que as regras legais não são necessariamente morais em sua natureza (teoria jusnaturalista). O direito inclui elementos morais na medida em que os costumes em que se funda expressam atitudes práticas, incluindo atitudes morais. Certamente, um sistema legal pode incorporar explicitamente os valores e princípios morais que têm de ser desenvolvidos de modo mais profundo no litígio, na argumentação jurídica e na tomada da decisão judicial.[62]

---

[59] LA HART Herbert. *O conceito de direito.* Tradução A. Ribeiro Mendes. v. 3. 3. ed. ampliada. Lisboa: Fundação Calouste Gulbenkian, 1994, p. 61.
[60] MACCORMICK, Neil. Institutional normative order: a conception of law. *Cornell L. Rev.*, v. 82, 1996, p. 1055.
[61] MACCORMICK, Neil. Institutional normative order: a conception of law. *Cornell L. Rev.*, v. 82, 1996, p. 1055.
[62] MACCORMICK, Neil. Moralistic Case for A-Moralistic Law, A. *Val. UL Rev.*, v. 20, p. 8, 1985.

O direito é uma instituição formada a partir de instituições do Estado. Assim, uma objeção pertinente à ideia de uma teoria institucional do direito seria a de que uma instituição só pode existir se uma instituição anterior já tivesse articulado regras para a sua criação.[63] Um círculo vicioso, em que não se encontra a gênese do sistema. No entanto, instituições podem se desenvolver sem uma legislação anterior que as configure e articule seus relevantes conceitos. [64] A instituição é criada sem uma legislação, um Estado, por exemplo, em seguida parte-se para a confecção das normas que serão responsáveis por reger o comportamento naquele território.

Já deve estar claro que as instituições existem com o propósito das normas ou regras (tanto para a sua concepção como para o seu cumprimento), e que (em conjuntos complexos) as diferentes variáveis dão sentido para justificar, regular ou até mesmo autorizar a conduta humana em determinadas configurações sociais.[65]

Por outro lado, para se determinar quais valores são tidos como fato e, por isso, funcionam como elementos do comportamento existente no contexto estudado e como determinantes em processos individuais ou sociais,[66] é preciso olhar para o ordenamento como um todo. Esse olhar para o ordenamento deve identificar somente os fatos que serão fins a serem utilizados pelo sistema, quando esses fins são usados para caracterizar o agir das pessoas ou das estruturas sociais. De um ponto de vista metodológico, os valores como fatos podem ser utilizados como considerações teleológicas de guia de ações ou como um esquema interpretativo no contexto de uma explicação motivacional da ação. Nas duas aplicações, essas determinações são elementos nas descrições dos fatos.[67]

Em relação a seu significado, o sistema legal é um sistema normativo cuja estrutura pode ser compreendida em termos de sua lógica normativa e de seu suporte em fundações teleológicas e orientadas para o valor. Conhe-

---

[63] MACCORMICK, Neil; WEINBERGER, Ota. An institutional theory of law. *Springer Science & Business Media*, 1986, p. 11-12.
[64] MACCORMICK, Neil; WEINBERGER, Ota. An institutional theory of law. *Springer Science & Business Media*, 1986, p. 12.
[65] MACCORMICK, Neil; WEINBERGER, Ota. An institutional theory of law. *Springer Science & Business Media*, 1986, 14.
[66] MACCORMICK, Neil; WEINBERGER, Ota. An institutional theory of law. *Springer Science & Business Media*, 1986, 90.
[67] MACCORMICK, Neil; WEINBERGER, Ota. An institutional theory of law. *Springer Science & Business Media*, 1986, 90.

cimento legal, assim, consiste em pegar o conteúdo 'dever ser' da ordem jurídica e entender os fatos operativos normativos como fatos ancorados na norma e nas instituições. Cada um desses aspectos gêmeos do conhecimento jurídico (pegar o significado normativo da lei e o reconhecimento da sua existência real) é crucial para quem vai decidir uma celeuma jurídica.[68]

Ao todo, pensar normativamente é pensar julgando. Esta é uma verdade geral e significativa sobre todas as formas de ordem normativa.[69] A objetividade interpessoal de tais julgamentos é um grande mérito em si, tanto a partir de um ponto de vista prudencial como de um ponto de vista moral. Contudo, do ponto de vista do julgamento autônomo, o preço da objetividade interpessoal é, como sempre, a heteronomia. Se existe razão em se insistir no julgamento do agente de moral autônoma como a pedra de toque final da moralidade, duas coisas se seguem. Em primeiro lugar, mesmo a mais moralmente aceitável forma da lei continua a ser fundamentalmente distinta da própria moralidade. Em segundo lugar, o fundamento último do juízo prático normativo deveria ser a moral, não a lei. A força vinculativa do direito ou é uma simples questão de julgamento intrassistêmico, autorreferencial e autoautenticado, ou é por algum agente de moral autônoma endossada. Apenas no último caso é totalmente normativa. Só então orienta, ou deveria orientar, a conduta categoricamente.[70] MacCormick deixa claro que a *ultima ratio* são os valores morais intrínsecos ao sistema. Somente eles podem dar legitimidade a uma norma ou agir estatal.

Como já mencionado, um efeito inevitável da institucionalização do julgamento é que a ordem normativa deve vir a ser concebida com um caráter sistêmico, e o sistema em questão possui necessariamente uma qualidade autorreferencial.[71] Esta construção científica da ordem e do sistema é, em si, um ato de extrapolar a reconstrução racional do material dado. Veja-se que se retorna a uma qualidade (autorreferencial) que não é do direito em si, mas do julgamento. Quer dizer, o que for decidido no âmbito de um

---

[68] MACCORMICK, Neil; WEINBERGER, Ota. An institutional theory of law. *Springer Science & Business Media*, 1986, 114.

[69] MACCORMICK, Neil. Institutional normative order: a conception of law. *Cornell L. Rev.*, v. 82, 1996, p. 1057.

[70] MACCORMICK, Neil. Institutional normative order: a conception of law. *Cornell L. Rev.*, v. 82, 1996, p. 1068.

[71] MACCORMICK, Neil. Institutional normative order: a conception of law. *Cornell L. Rev.*, v. 82, 1996, p. 1058.

tribunal servirá de norma para as futuras decisões desse tribunal (critério da universalização) e dos tribunais que lhe são subordinados (critério da vinculação – principalmente relevante no sistema do *common law*). Por sua vez, é uma reconstrução que reforça a concepção de direito como um "sistema", e postula a sistematicidade do direito como um ideal orientador para juízes, em particular, e, em um grau, para os legisladores e para a Administração Pública.[72]

O Direito concebido como uma ordem normativa institucional pode, assim, vir a ser constitutiva de um Estado de Direito. No entanto, como Kelsen apontou, há duas maneiras possíveis para conceber e representar a ordem como um sistema em construção. A primeira é uma maneira dinâmica. Aqui, o processo de mudança através do tempo é central, incluindo a maneira como as disposições legais são definidas e os termos para uma mudança válida. Isso produz uma representação da ordem com um foco especial sobre os processos de norma-criação, e sobre os processos de estabelecimento de arranjos institucionais (contratos, relações de confiança, e semelhantes) no interior da lei privada e pública. Uma ordem normativa é representada dessa forma dinâmica, em termos das normas que regulam a mudança, individualizadas como as normas de competência, regras que conferem poder, ou regras de estruturação de instituições jurídicas. As normas de representação "estática" têm seu foco em individualizar as funções das regras ou normas de prescrição, conferindo direitos ou benefícios.[73]

Uma regra pode ser caracterizada por ter seu foco numa perspectiva dinâmica, no entanto assume uma forma diferente quando vista em uma perspectiva momentânea de julgamento. Não há nenhuma reconstrução única, exclusivamente correta da matéria-prima de lei em uma forma canônica de "sistema legal".[74]

Tendo em vista que a própria concepção de ordem como um sistema em construção não traz certeza, MacCormick argumenta que a busca do conhecimento jurídico é melhor caracterizada como uma tentativa de compreender e analisar o Direito como ele é. Nesse sentido, o problema-

---

[72] MACCORMICK, Neil. Institutional normative order: a conception of law. *Cornell L. Rev.*, v. 82, 1996, p. 1061.
[73] MACCORMICK, Neil. Institutional normative order: a conception of law. *Cornell L. Rev.*, v. 82, 1996, p. 1061.
[74] MACCORMICK, Neil. Institutional normative order: a conception of law. *Cornell L. Rev.*, v. 82, 1996, p. 1062.

-chave gira em torno de pontos de vista divergentes sobre o que deve ser considerado como o domínio do Direito. O Direito compreende somente as normas de conduta publicadas ou também compreende princípios legais implícitos?[75]

Para MacCormick, o Direito compreende os princípios legais implícitos. Esses princípios deverão ser utilizados na exegese a ser feita das normas. Contudo, não é por isso que se deve recusar o conteúdo da lei tida como imoral. Certamente, é para que se exija que o conteúdo da lei seja moralmente aceitável e não um mero produto do poder, mas ainda assim seria um erro não reconhecer como lei, factualmente lei válida que é, determinada e executada por meio do poder, porque viola certas morais postuladas. A tarefa atual de estabelecer o que realmente constitui o Direito torna forçoso reconhecer que mesmo a lei imoral é lei. Esse reconhecimento, no entanto, não implica que, nesses casos, moralmente falando, os indivíduos devem se portar de acordo com os requerimentos de tal lei. Na ausência dos pressupostos do direito natural, a decisão de agir ou não de acordo com a lei permanece aberta para nós como pessoas morais, apesar de a moralidade advogar pela aceitação e aderência da lei em princípios. Não existe tal imperativo moral com respeito à degeneração da lei (imoral).[76]

1.4. A retórica jurídica para MacCormick

Já está assentado que MacCormick entende estarem os valores intrínsecos ao direito. Assim, para ele, uma decisão judicial (ou como se está tentando provar aqui, administrativa) pode se utilizar de valores para respaldar a sua validade. Parece simples, mas não é. Se o raciocínio terminasse aqui, logo surgiriam perguntas do tipo: que valores? de que forma esses valores podem ser utilizados? Onde eles devem estar dispostos na solução judicial? etc. São muitos os questionamentos, que devem ser respondidos a contento para que a Tese de MacCormick possa ser corretamente empregada. De agora em diante, o intento é responder a essas perguntas.

Para evoluir no pensamento de MacCormick, é preciso entender um pouco de retórica jurídica. A matéria chegou para o autor por meio de

---

[75] MACCORMICK, Neil; WEINBERGER, Ota. An institutional theory of law. *Springer Science & Business Media*, 1986, p. 114.
[76] MACCORMICK, Neil; WEINBERGER, Ota. An institutional theory of law. *Springer Science & Business Media*, 1986, p. 121.

Chaïm Perelman, filósofo que viveu e ensinou a maior parte da sua vida na Bélgica, sendo certo que o raciocínio lógico-dedutivo é o preconizado pelos autores que defendem a teoria positivista do direito. A proposta da retórica jurídica é dar um caminho para o intérprete do direito quando o raciocínio lógico-dedutivo não é suficiente.

A lógica formal se move no terreno da necessidade. Um raciocínio lógico-dedutivo, ou demonstrativo, implica que a passagem das premissas para a conclusão é necessária. Por exemplo, de acordo com a lei, o contribuinte tem um prazo para a entrega da Declaração de Ajuste Anual, sendo o sujeito que entrega após o prazo ou não apresenta a declaração penalizado com multa[77] – premissa maior. Assim, se restar comprovado que um determinado contribuinte não entregou a declaração dentro do prazo – premissa menor –, a conclusão necessária é a de que deverá pagar a respectiva multa.

O imbróglio se forma porque, na maior parte das vezes, o raciocínio lógico-dedutivo não basta. Assim que, na Solução de Consulta Cosit nº 15, de 23 de fevereiro de 2015, decidiu-se que os serviços profissionais prestados por uma Eireli (Empresa individual de responsabilidade limitada) devem ter seu lucro tributado como se pessoa jurídica fosse, *in verbis*:

> ASSUNTO: IMPOSTO SOBRE A RENDA DE PESSOA JURÍDICA–IRPJ
> EMENTA: SERVIÇOS PROFISSIONAIS – PRESTAÇÃO POR SOCIEDADE, POR EMPRESÁRIO INDIVIDUAL OU POR EMPRESA INDIVIDUAL DE RESPONSABILIDADE LIMITADA – EIRELI –. FORMA DE TRIBUTAÇÃO.
> Os serviços profissionais (no caso, de contador), em caráter personalíssimo ou não, com ou sem a designação de quaisquer obrigações a sócios ou empregados, se sujeitam à legislação tributária aplicável às pessoas jurídicas se forem prestados por uma sociedade. Se prestados individualmente por pessoa física, ainda que cadastrada no CNPJ como empresária individual, se sujeitam à legislação tributária aplicável às pessoas físicas, mesmo que possua estabelecimento em que desenvolve suas atividades e emprega auxiliares. Entretanto, se constituída sob a forma de empresa individual de responsabilidade limitada – EIRELI –, conforme estabelecido pelo art. 980-A da Lei

---

[77] Decreto n. 3.000, de 26 de março de 1999 – Regulamento do Imposto sobre a Renda (RIR/1999), art. 964; Instrução Normativa RFB n. 1.445, de 17 de fevereiro de 2014, art. 10.

10.406/2002 – Código Civil Brasileiro, terá suas receitas tributadas nos moldes das demais pessoas jurídicas.
DISPOSITIVOS LEGAIS: Decreto n. 3.000/1999 – RIR 99, art. 150 e Lei n. 10.406/2002 – Novo Código Civil Brasileiro, art. 980-A (redação dada pela Lei n. 12.441, de 11 de julho de 2011).

A celeuma surgiu por conta do art. 150 do Regulamento do Imposto de Renda (RIR), que determina, em seu *caput*, que as empresas individuais, para os efeitos do Imposto de Renda, são equiparadas às pessoas jurídicas,[78] e entabula, em seu §1º, o que se considera como empresa individual. Como a Eireli (Empresa Individual de Responsabilidade Limitada) é uma figura relativamente nova no ordenamento jurídico brasileiro, de 2011, ela não consta nesse parágrafo. É interessante notar que a premissa menor (as receitas da Eireli) não se coaduna com a premissa maior (art. 150 do RIR), portanto, de acordo com o raciocínio lógico-dedutivo, as Eirelis deveriam pagar Imposto de Renda como se fossem pessoas físicas – situação claramente desvantajosa para elas. Olhando para a finalidade para a qual a Eireli foi criada – separar os patrimônios do empreendedor e do empreendimento, estimulando assim a criação de empresas –, não faz sentido tributá-la de forma mais onerosa que as demais empresas individuais. Assim que, em nome da coerência do ordenamento jurídico, a resposta dada na Solução de Consulta (SC) foi pela incidência do Imposto de Renda Pessoa Jurídica[79].Existem outros tipos de situações-problema em que a lógica-dedutiva não é suficiente para que se decida. Nesses casos, o

---

[78] Decreto n. 3000, de 26 de março de 1999. Art. 150. As empresas individuais, para os efeitos do imposto de renda, são equiparadas às pessoas jurídicas (Decreto-Lei n.1.706, de 23 de outubro de 1979, art. 2º).
§ 1º São empresas individuais:
I – as firmas individuais (Lei nº 4.506, de 1964, art. 41, § 1º, alínea "a");
II – as pessoas físicas que, em nome individual, explorem, habitual e profissionalmente, qualquer atividade econômica de natureza civil ou comercial, com o fim especulativo de lucro, mediante venda a terceiros de bens ou serviços (Lei nº 4.506, de 1964, art. 41, § 1º, alínea "b");
III – as pessoas físicas que promoverem a incorporação de prédios em condomínio ou loteamento de terrenos, nos termos da Seção II deste Capítulo (Decreto-Lei nº 1.381, de 23 de dezembro de 1974, arts. 1º e 3º, inciso III, e Decreto-Lei nº 1.510, de 27 de dezembro de 1976, art. 10, inciso I).
[79] Iremos analisar melhor essa SC mais adiante neste capítulo, daí que se tornará claro o caminho escolhido pelo Administrador tributário na decisão exarada.

raciocínio jurídico serve como instrumento ao hermeneuta na aplicação da norma.

Tendo em vista a certeza no âmbito da decisão, Perelman afirma que, no raciocínio lógico-dedutivo, se as premissas são verdadeiras, então a conclusão também o será, necessariamente. A argumentação feita sob o escudo do raciocínio jurídico não traz essa certeza, o que faz é demonstrar a plausibilidade do argumento apresentado. Os argumentos retóricos não estabelecem verdades evidentes, provas demonstrativas, e sim mostram o caráter razoável, plausível, de uma determinada decisão ou opinião. Por isso, é fundamental, na argumentação, a referência ao público (auditório) que se trata de persuadir.[80]

O raciocínio de Perelman, no sentido de que os argumentos se dirigem necessariamente a um auditório e que a persuasão é relativa a este auditório, se coaduna especialmente com o visto na prática jurídica. Advogados experientes expõem os casos diante dos tribunais de modo persuasivo, e os juízes decidem depois de sopesar os argumentos rivais sobre as questões de direito. Porém, do ponto de vista da racionalidade prática, não é porque o orador conseguiu persuadir o auditório com o seu argumento que ele está correto. Assim, no que tange à racionalidade como justificação, o argumento não deve persuadir de fato somente um juiz ou jurado particular, mas um agente racional. Daí a importância do "auditório universal", pois correto é qualquer argumento que convença o auditório formado por todas as pessoas inteligentes e responsáveis que avaliem as questões de maneira desinteressada.[81]

Por outro lado, pensar na retórica simplesmente como um instrumento de persuasão torna exíguo seu valor para a Teoria de MacCormick. Assim, a alusão ao auditório universal, ou a um suposto consenso do que parece razoável nas circunstâncias apresentadas, é necessária. Somente se consegue persuadir o auditório universal fazendo-se referência ao que é correto, a obtenção de um consenso, nessas circunstâncias, já se demonstra a exatidão do argumento.[82]

---

[80] RODRIGUEZ, Manuel Atienza. *As razões do direito*: teorias da argumentação jurídica. Tradução de Maria Cristina Guimarães Cupertino. São Paulo: Landy, 2000, p. 61.
[81] MACCORMICK, Neil. Retórica y estado de derecho. *Isegoría*, n. 21, p. 5-21, 1999, p. 11.
[82] MACCORMICK, Neil. Retórica y estado de derecho. *Isegoría*, n. 21, p. 5-21, 1999, p. 12.

O auditório universal de Perelman, então, caracteriza-se pelos seguintes aspectos: 1) é um conceito-limite, pois a utilização de um público universal faz com que a argumentação do orador passe a se caracterizar pela impessoalidade; 2) dirigir-se ao auditório universal é o que caracteriza a argumentação filosófica; 3) o conceito de auditório universal não se configura na prática, aqui o importante é o direito e não os fatos; 4) o auditório universal não existe, é uma criação que representa todos os seres dotados de razão, mas, por outro lado, é uma construção do orador, quer dizer, não é uma entidade objetiva; 5) cada orador tem o seu discurso argumentativo e constrói o seu auditório universal, aliás até o auditório universal de um mesmo orador muda.[83]

A retórica construída por um orador para persuadir o auditório universal deve ser diferenciada da retórica geral quando aplicada a campos específicos, como é o caso do Direito. O estudo das técnicas e raciocínios próprios dos juristas chama-se lógica jurídica. Contudo, a lógica jurídica não é um ramo da lógica formal aplicada ao Direito. Não faria sentido buscar a retórica simplesmente para aplicar o raciocínio lógico-dedutivo. A argumentação jurídica é um ramo da retórica, sendo inclusive considerada por Perelman o paradigma da argumentação retórica.[84]

Nesse sentido, para MacCormick, os argumentos jurídicos são sempre sobre o direito, sobre fatos, sobre provas ou de opinião. Assim, ou bem têm a ver com o Direito, ou bem o Direito tem a ver com eles.[85]

Voltando à questão do convencimento do auditório, frequentemente se pode construir um conjunto de razões ou "elementos de raciocínio" persuasivos que ofereçam um firme suporte para a solução de um problema ou controvérsia jurídica. Contudo, também é verdade que, em qualquer situação controvertida, real ou imaginária, pode-se encontrar um punhado de contrarrazões ou contraelementos para cada um dos componentes de raciocínio anteriormente apresentados. Por isso, o problema no Direito não é defender corretamente um caso discutível às expensas de um caso manifestamente mais débil. Na maior parte das vezes, o que se tem é a eleição entre dois casos fortemente discutíveis e defensáveis, em uma situação

---

[83] RODRIGUEZ, Manuel Atienza. *As razões do direito*: teorias da argumentação jurídica. Tradução de Maria Cristina Guimarães Cupertino. São Paulo: Landy, 2000, p. 63.

[84] RODRIGUEZ, Manuel Atienza. *As razões do direito*: teorias da argumentação jurídica. Tradução de Maria Cristina Guimarães Cupertino. São Paulo: Landy, 2000, p. 75.

[85] MACCORMICK, Neil. Retórica y estado de derecho. *Isegoría*, n. 21, p. 5-21, 1999, p. 6.

dialética na qual cada argumento de cada uma das partes é firmemente rebatido por um bom argumento proposto pela outra. Quando se chega a esse ponto, o que é extremamente comum no Direito, se não existirem premissas sólidas para o julgador decidir, pode-se chegar a uma decisão absolutamente justificada, fazendo referência a considerações ideológicas estranhas ao Direito, e a razão justificadora última será então a ideologia e não o Direito.[86]

As premissas já existem no Direito. Os responsáveis por argumentar e decidir no âmbito jurídico não abordam os problemas de decisão e justificação no vazio, senão no contexto de uma grande quantidade de material que serve para guiar e justificar decisões, restringindo o intervalo no qual as decisões dos órgãos públicos podem ser legitimamente tomadas. O material em questão compreende as constituições, os tratados, as leis dos parlamentos nacionais e, no caso brasileiro, as decisões do Supremo Tribunal Federal (STF) com força vinculante.[87]

A importância da obra de Perelman reside essencialmente em seu objetivo de reabilitar a razão prática, ou seja, de introduzir algum tipo de racionalidade na discussão de questões concernentes à moral, ao direito, à política, etc., que venha a significar algo assim como uma via intermediária entre a lógica-dedutiva (insuficiente na solução de alguns casos) e a pura e simples irracionalidade. Enfim, a importância concedida ao eixo pragmático da linguagem (o objetivo da argumentação é persuadir), ao contexto social e cultural em que se desenvolve a argumentação, ao princípio da universalidade (a regra de justiça) ou às noções de acordo e de auditório (sobretudo de auditório universal) serviu para MacCormick – como para outros autores de razão prática – desenvolver sua Teoria Consequencialista.[88]

1.5. A universalização

A universalidade em regras ou em princípios pode ser obtida por meio de generalizações indutivas de razões particulares em casos particulares. Dessa forma, tendo-se definido, na Solução de Consulta Cosit nº 15, de 23

---

[86] MACCORMICK, Neil. Retórica y estado de derecho. *Isegoría*, n. 21, p. 5-21, 1999, p. 12.
[87] MACCORMICK, Neil. Retórica y estado de derecho. *Isegoría*, n. 21, p. 5-21, 1999, p. 15.
[88] RODRIGUEZ, Manuel Atienza. *As razões do direito*: teorias da argumentação jurídica. Tradução de Maria Cristina Guimarães Cupertino. São Paulo: Landy, 2000, p. 77.

de fevereiro de 2015, que toda Eireli deve pagar Imposto de Renda como se Pessoa Jurídica fosse, resta generalizada uma regra, por meio de um raciocínio indutivo, que não necessariamente se aplica a todas as Eirelis – por exemplo, a que foi formada somente com o intuito de pagar menos imposto.[89] Percebe-se que essas generalizações, apesar de serem úteis como um guia geral, nunca são, por elas mesmas, adequadas para justificar uma decisão. Isso porque essas universalidades não podem suplantar a necessidade, em um particular dilema, de uma completa e cuidadosa crítica de todas as considerações relevantes para que seja feita uma escolha entre uma ou outra opção desse dilema.[90] No caso da Solução de Consulta Cosit nº 15, de 2015, melhor seria ter colocado que toda a Eireli deve pagar Imposto de Renda como Pessoa Jurídica, se não ocorrer situação específica que indique uma solução distinta. Aí sim, ter-se-ia uma decisão universalizada.

"Universal" e "particular" são propriedades lógicas, ao passo que "generalidade" e "especificidade" são propriedades quantitativas. O estatuído na Solução de Consulta Cosit nº 15, de 23 de fevereiro de 2015, de que toda Eireli deve pagar Imposto de Renda como se Pessoa Jurídica fosse, não pode ter a propriedade "universal", caso contrário, nos casos de infringência da norma, ainda assim deveria ser aplicada a alíquota do Imposto de Renda Pessoa Jurídica, por conta da especificidade da decisão. No direito, tanto regras como princípios são universais – da mesma forma como normas legais justificam decisões particulares. No entanto, algumas proposições normativas são mais gerais que outras. Princípios legais são normas bastante gerais, que frequentemente competem com outras normas igualmente gerais em dilemas práticos. Por outro lado, as leis são tipicamente mais específicas e imediatamente aplicáveis. As Soluções de Consulta, como será visto adiante, são ainda mais específicas. O contraste desenhado entre geral e específico faz um ponto diferente daquele feito em referência ao exclusivo par "universal" *versus* "particular". São termos e conceitos

---

[89] O parágrafo único do art. 116 do Código Tributário Nacional (Lei n. 5.172, de 25 de outubro de 1966) prescreve a desconsideração do ato praticado com a finalidade de dissimular a ocorrência do fato gerado ou da natureza dos elementos constitutivos da obrigação tributária. Se a empresa foi criada tão somente com o fulcro de pagar Imposto de Renda Pessoa Jurídica (que tem uma alíquota menor), com base nesse artigo, o ato poderá ser desconsiderado.

[90] MACCORMICK, Neil. *Rhetoric and the rule of law*: a theory of legal reasoning. Oxford University Press, 2005, p. 78.

com diferentes participações a serem realizadas na teoria da justificação do direito.[91]

Assim, a proposição universal pode ser uma universalização, nunca uma generalização. A universalização deve ser acolhida como uma condição da justificação tanto na razão jurídica como na razão moral. Isso ocorre mesmo sabendo-se da possibilidade de surgirem circunstâncias relativas a eventos que até o momento eram imprevisíveis, que reclamem a revisão das certezas aceitas até aquele momento. O direito não imutável, portanto o "particularismo", deve ser entendido como uma posição que insiste em sua abertura para avaliar novos casos e circunstâncias, quando aparecerem. No entanto, essa abertura para novas particularidades deve estar ajustada ao esquema da justificação das universalidades, com cada novo reconhecimento se tornando uma exceção universalizada.[92]

Qualquer proposição universal a respeito do que é correto fazer pode estar errada em um contexto diferente, quando se colocam exceções ou ainda qualificações à proposição universal tida como correta. Nesses casos, resulta uma interação entre mais de um princípio relevante. Dessa forma, qualquer universalização que parte de uma razão particular, em um caso particular, tem de ser aceita com a devida precaução. Diferentes circunstâncias podem sugerir exceções e qualificações que não estavam presentes no caso que deu origem à proposição universal.[93]

É importante notar que a estrutura básica da justificação é lógico-dedutiva e isso é determinado pela necessidade de respeitar o critério de universalidade. A universalidade é uma característica da justificação exigida pelo conceito de justiça formal diante da consistência do direito que se corresponde com o caráter universal das normas jurídicas. Se se decide por determinadas consequências em face de determinadas causas, a Justiça exige que, da ocorrência daquelas mesmas causas, decorram as mesmas consequências. A justiça formal requer que a justificação das decisões nos casos individuais se produza sempre sobre a base de proposições universais (normas) que o juiz está disposto a subscrever como base para decidir

---

[91] MACCORMICK, Neil. *Rhetoric and the rule of law*: a theory of legal reasoning. Oxford University Press, 2005, p. 95.
[92] MACCORMICK, Neil. *Rhetoric and the rule of law*: a theory of legal reasoning. Oxford University Press, 2005, p. 94.
[93] MACCORMICK, Neil. *Rhetoric and the rule of law*: a theory of legal reasoning. Oxford University Press, 2005, p. 89.

do mesmo modo para todos os casos iguais aos casos individuais que se apresentarem.[94] A essa regra, conforme visto, deve-se adicionar que podem aparecer características relevantes que alterem o resultado (exceções), mas a exceção só é válida se tiver a mesma qualidade universal. Deve-se estar lidando com um conjunto de relações adicionais, de forma que, quando repetido, deve justificar a mesma exceção em casos similares futuros.[95]

Essa ideia é facilmente compreendida a partir do conceito de regra jurídica entabulado por MacCormick:

> Uma regra jurídica é uma disposição normativa estabelecida em, ou construída a partir de uma fonte jurídica reconhecida que vincula uma determinada consequência normativa a uns determinados fatos operativos. Está na natureza de uma regra prever que quando se dá uma certa situação de fato se siga a ela uma determinada consequência normativa.[96]

Resta então que a universalidade das normas legais implica que, supondo-se uma compreensão correta de normas válidas de algum sistema de direito positivo, sabe-se com considerável certeza como as coisas deveriam ser de acordo com esse sistema de direito. Ela traz previsibilidade e segurança, mesmo quando nunca se possa ter por certo como elas são, ou como foram, no território para o qual a lei é válida, uma decisão tomada para um determinado complexo de fatos deve se repetir quando esse complexo novamente se formar.[97]

1.6. A justificação da decisão

A argumentação retórica é que tornará o raciocínio jurídico uma decisão judicial correta, contudo falta ainda ver o que deve conter essa argumen-

---

[94] BENGOETXEA, Joxerramón. Razonamiento jurídico y post-positivismo: la contribución de Neil MacCormick. *Anuario de filosofía del derecho*, n. 26, p. 267-288, 2010, p. 275.
[95] MACCORMICK, Neil. *Rhetoric and the rule of law*: a theory of legal reasoning. Oxford University Press, 2005, p. 91.
[96] MACCORMICK, Neil. Retórica y estado de derecho. *Isegoría*, n. 21, p. 5-21, 1999, p. 16.
[97] MACCORMICK, Neil. Institutional normative order: a conception of law. *Cornell L. Rev.*, v. 82, 1996, p. 1053. Livre tradução do seguinte trecho: "Una regla jurídica es una disposición normativa establecida en, o construída a partir de, una fuente jurídica reconocido que vincula una determinada consecuencia normativa a unos determinados hechos operativos. Está en la naturaleza de una regla prever que cuando se dé una certa situación de hecho se siga de ello una determinada consecuencia normativa".

tação para que realmente seja capaz de convencer o auditório universal e para que seja universalmente válida perante o ordenamento jurídico.

Convém lembrar que a argumentação retórica serve para a solução de dilemas em casos problemáticos. Casos problemáticos são assim somente por conta das possibilidades rivais de interpretação. O fundamental é definir como fazer uma escolha racional entre argumentos legalmente sustentáveis. O que parece mais razoável nesse tipo de dilema é que juízes (no caso da solução de consulta, administradores) devem olhar para a escolha em termos das consequências que uma ou outra argumentação trará, em relação ao direito.[98]

Para MacCormick, em seu livro *Legal Reasoning and Legal Theory*[99] qualquer tipo de argumento valorativo (prático) deve levar a um raciocínio único, no qual as conclusões somente podem ser demonstradas ou verificadas em face das razões apresentadas. Mesmo não sendo essas razões o resultado de um raciocínio lógico, como não pode ser uma decisão sobre a égide de valores, elas podem ser aduzidas, de modo não conclusivo, como premissas últimas para a ação ou para a decisão. O mesmo é válido para o raciocínio jurídico, com a exceção de que as últimas premissas são de um caráter distinto. As decisões em um raciocínio jurídico são normas jurídicas (pelo menos para aquele caso concreto) e feitos provados. O contexto público em que discorre a argumentação é institucional, dessa forma, o que são boas razões vem em grande parte determinado pelo Direito e o órgão decisório opera em um contexto de justificação.[100]

Justificar um ato é indicar que ele está correto. Mostrar que este ato está correto é evidenciar que, em qualquer ponto de vista objetivo que importa, ele deveria ter sido tomado, ou tinha de ter sido tomado, dadas as suas características e as circunstâncias do caso.[101]

Caracterizar a justificação não é uma tarefa simples, muitos a confundem com a motivação ou a explicação do ato. Contudo, razões justificadoras para uma ação são conceitualmente distintas das razões que explicam ou

---

[98] MACCORMICK, Neil. *Rhetoric and the rule of law*: a theory of legal reasoning. Oxford University Press, 2005, p. 102.
[99] MACCORMICK, Neil. *Legal reasoning and legal theory*. Oxford: Clarendon Press. 1978.
[100] BENGOETXEA, Joxerramón. Razonamiento jurídico y post-positivismo: la contribución de Neil MacCormick. *Anuario de filosofía del derecho*, n. 26, p. 267-288, 2010, p. 274.
[101] MACCORMICK, Neil. *Rhetoric and the rule of law*: a theory of legal reasoning. Oxford University Press, 2005, p. 97.

motivam essa ação. Não existe justificação sem universalização, contudo a explicação demanda uma generalização. O exemplo de generalização dado com a Solução de Consulta Cosit n. 15, de 23 de fevereiro de 2015, bem se encaixa aqui. A generalização feita, no sentido de que toda Eireli deve pagar Imposto de Renda como se Pessoa Jurídica fosse, bem explica a decisão, mas não a justifica. Como anteriormente visto, existem casos em que uma Eireli – como quando constituída com o específico fim de economizar no pagamento de impostos – deve pagar o Imposto de Renda como Pessoa Física. Assim, deve estar claro que, para fatos particulares – ou motivos particulares – serem razões de uma justificação, eles têm de estar escorados em um princípio universal relevante de ação, mesmo que se possam encontrar exceções para a universalização.[102] Na Solução de Consulta Cosit n. 15, 2015, os princípios são o da livre concorrência e o da justiça fiscal, pois não se deve onerar mais uma empresa individual que esteja constituída sobre as mesmas premissas que as outras. Interessante perceber que, quando a pessoa física constitui uma Eireli tão somente com o escopo de economizar no Imposto de Renda, ela não atende mais aos princípios da livre concorrência e da justiça fiscal, por isso deve ser tributada com a mesma alíquota que as demais pessoas físicas (uma exceção justificada).

A justificação é imprescindível nas decisões dos órgãos jurisdicionais ou dos administrativos, a explicação não basta.[103] Veja lá que dizer, como foi dito na Solução de Consulta Cosit n. 15, de 23 de fevereiro de 2015, que toda a Eireli deve pagar Imposto de Renda como se Pessoa Jurídica fosse explica, mas não justifica a decisão tomada.

Para descrever a justificação, pode-se fazer uma analogia com o processo indutivo do juízo cognitivo, aquele que sai do caso particular para fazer uma generalização do ocorrido. O processo indutivo ocorre tendo em vista causas e efeitos. A partir de um caso particular, declara-se que, toda vez que "x" ocorrer, a consequência será "y". A justificação também se dá dessa maneira. Ela demonstra que, toda vez que ocorrerem os fatos descritos no caso concreto, a consequência será aquela tomada na decisão. É uma tese que considera o que cada evento e o que cada estado particular

---

[102] MacCormick, Neil. *Rhetoric and the rule of law*: a theory of legal reasoning. Oxford University Press, 2005, p. 98-99.
[103] Rodriguez, Manuel Atienza. *As razões do direito*: teorias da argumentação jurídica. Tradução de Maria Cristina Guimarães Cupertino. São Paulo: Landy, 2000, p. 20

de coisas tem como potencial causal intrínseco, de tal forma que, através de algum mecanismo, gera outros eventos explicáveis ou estados de coisas.[104]

Perceba-se que não existe justificação sem universalização, pois, por se apresentar como um mecanismo de causa e efeito, toda vez que aquela causa específica ocorrer, necessariamente os efeitos dispostos na decisão ocorrerão – estando universalizada a decisão. E, para que feitos particulares – ou motivos particulares – sejam razões justificativas, devem ser subsumíveis em face de algum princípio relevante de ação universalmente formulado. Isso se aplica ao raciocínio prático em geral, e ao raciocínio jurídico como um setor do raciocínio prático. [105]

A exigência de que uma decisão esteja bem justificada se cumpre somente se existem boas razões para decidir da maneira particular eleita, e se estas derrotam qualquer outra razão que possa ser oferecida para qualquer resolução alternativa do caso. As razões rivais são superadas, ou canceladas, ou anuladas, por aquelas vencedoras.[106]

Por outro lado, deve-se frisar que as decisões não podem somente ser justificadas em termos do que afeta diretamente as partes (isso ocorre quando casos difíceis fazem regras ruins), mas em termos de uma proposição de direito aceitável que cubra o caso presente e que fique então disponível para outros casos similares (portanto, satisfazendo a demanda por justiça, na qual os casos devem ser tratados da mesma forma). [107]

O parâmetro para justificar uma decisão não devem ser as consequências que aflijam diretamente as partes por conta do seu caráter universal. A decisão será aplicada em todos os casos similares, acarretando consequências não só para os envolvidos naquela lide, mas para todo o sistema jurídico como reflexo da norma criada para os casos similares. MacCormick relembra ainda que, por conta da natureza institucional e do conjunto de práticas de adjudicação, e tendo em vista que tais práticas devem estar de acordo ao menos com o princípio da justiça formal, uma decisão judicial justificada pressupõe razões universalizáveis ou normas legais que deem escudo a particular decisão justificada. Uma parte necessária da justifi-

---

[104] MACCORMICK, Neil. Universales y particulares. *Doxa,* n. 32, 2009, p. 127-150, p. 146.
[105] MACCORMICK, Neil. Universales y particulares. *Doxa,* n. 32, 2009, p. 127-150, p. 149.
[106] MACCORMICK, Neil. Universales y particulares. *Doxa,* n. 32, 2009, p. 127-150, p. 134.
[107] MACCORMICK, Neil. Universales y particulares. *Doxa,* n. 32, 2009, p. 127-150, p. 103.

cação de tal decisão é mostrar que ela não contradiz uma regra estabelecida de direito – consistência. Outra parte necessária é mostrar que a decisão é suportada por princípios legais estabelecidos ou por uma analogia razoavelmente próxima com normas do direito estabelecidas, em que alguns princípios enunciáveis sustentam a relevância da analogia – coerência. Contudo, tal nível de justificação, apesar de sempre necessário, não é sempre suficiente ou conclusivo em favor de um dos casos do dilema. O ponto conclusivo do argumento, quando um caso ainda está aberto após os testes de consistência e coerência, é o argumento pelas consequências.[108] Contudo, como visto, argumentar pelas consequências no direito não é focar na estimativa da probabilidade da mudança de comportamento, mas na conduta possível e seu *status* normativo à luz da norma sobre escrutínio.[109]

MacCormick escolhe as consequências jurídicas em face de todas as outras, visto que qualquer modalidade de consequência distinta não seria justa, isto é, falharia em semear as virtudes das instituições do Direitos. Sabe-se que é possível realizar que as pessoas estão autorizadas a perceber a lei da maneira como uma decisão do Supremo Tribunal Federal – STF (ou, no âmbito da administração, uma solução de consulta) determinou que ela deva ser interpretada. As pessoas devem agir em conformidade com o direito, e quando elas agem dentro dos parâmetros da lei estabelecidos em um precedente com força vinculante do STF, os juízes não podem declarar um suposto caráter errôneo desse agir.[110] Daí a importância das consequências dessas decisões vinculantes terem alicerces no próprio ordenamento jurídico, pois, de outro modo, a decisão acarretaria efeitos injustos por não semear valores que permeiam a Constituição do Estado.

1.7. Quais valores devem ser utilizados?

Para ser levada para dentro da esfera jurídica e para que se torne diretamente relevante para a resolução de disputas legais, uma teoria moral ideal deve ser transformada em uma teoria do que pode ser chamado de

---

[108] MACCORMICK, Neil. *Rhetoric and the rule of law*: a theory of legal reasoning. Oxford University Press, 2005, p. 104.

[109] MACCORMICK, Neil. *Rhetoric and the rule of law*: a theory of legal reasoning. Oxford University Press, 2005, p. 110.

[110] MACCORMICK, Neil. *Rhetoric and the rule of law*: a theory of legal reasoning. Oxford University Press, 2005, p. 111.

"moralidade institucional".[111] É claro que essa teoria não pode conter todos os princípios da moral. Somente alguns princípios serão valorados pelo sistema normativo a ponto de serem institucionalizados. Esses princípios correspondem ao *telos*, ao fim último que se busca com o direito posto.

A moralidade institucional tem duas dimensões. Por um lado, tem de caber, o tanto quanto possível, no âmbito das instituições políticas e legais da sociedade civil em questão. Por outro lado, para ser consistente com esse caber, tem de se aproximar o máximo possível do ideal de moral política tido por *background*. Tem-se então um conjunto de princípios relevados no sentido de fazer o máximo possível no que concerne à moral das nossas instituições políticas. A moralidade institucional é, desta forma, uma moral relativizada – relativizada para um conjunto particular de instituições políticas.[112] De novo, o direito fica entre a moral e a política, servindo de ponte para que esses contrapontos se comuniquem.

Os valores morais, por serem a ligação entre a moral, o direito e a política, só poderiam estar institucionalizados no nível constitucional.[113] É a constituição de um país que deve conter a moralidade institucional daquela sociedade.

A questão dos valores morais institucionalizados entra em uma decisão judicial a partir da sua universalização. A análise mais cuidadosa do processo real de deliberação revela que a principal preocupação do raciocínio jurídico habitual – não o que se está estudando aqui, mas o que ocorre na *práxis* – é com as consequências logicas, consequências e implicações, em vez de com as consequências comportamentais das decisões ou outros resultados prováveis de longo prazo. No entanto, o fato de uma decisão judicial dever ser universal e, portanto, aplicável a todos os casos semelhantes, faz com que seja necessária a avaliação dos méritos e deméritos da decisão tomada, tendo-se em conta os outros casos semelhantes para os quais o tribunal vai estar comprometido por sua decisão sobre o ponto contestado na lei. A questão não deve ser tomada, então, no reino dos fins particulares, pois haverá consequências gerais com a necessária

---

[111] MACCORMICK, Neil; WEINBERGER, Ota. An institutional theory of law. *Springer Science & Business Media*, 1986, p. 173.
[112] MACCORMICK, Neil; WEINBERGER, Ota. An institutional theory of law. *Springer Science & Business Media*, 1986, p. 174.
[113] MACCORMICK, Neil; WEINBERGER, Ota. An institutional theory of law. *Springer Science & Business Media*, 1986, p. 177.

repetição dessa decisão, em face da sua universalização. Deve ir para o reino dos valores generalizados, que é acolhido pela observância geral de regras e princípios constitucionais. Contudo, como valores constitucionais, eles são, na verdade, afirmações generalizadas dos fins que, sob a lei, é legítimo perseguir.[114]

Quaisquer que sejam os fins que se considerem relevantes, deve-se dar prioridade aos fins relativos à universalização de uma decisão em detrimento dos fins relativos ao caso particular. No raciocínio segundo os fins, essa será a decisão mais justificada, pois considera a sua universalização.[115]

Em um julgamento, devem ser considerados os riscos previsíveis em razão de sérias possibilidades ou probabilidades, não as chances remotas. Os juízes – ou administradores públicos, quando se trata de solução de consulta – não devem partir logo para conclusões, mas considerar as evidências e levar em conta os diferentes pontos de vista. Devem estar conscientes de que qualquer dilema prático pode envolver o encontro de diferentes valores e interesses. Os valores que competem e que convergem, além de outras razões, serão sopesados de modo a encontrar sua reconciliação ou, em casos de inevitável conflito, agir por qualquer que seja a mais cogente das razões ou o maior dos valores.[116]

Sabendo-se que os sistemas legais focam em dados valores e complexos de valores e que é em face desses mesmos valores que se deve testar e eliminar propostas de decisões rivais em casos problemáticos, chega-se ao ponto em que se deve considerar a consequência jurídica de uma decisão no que concerne a sua implicação para casos hipotéticos, somente diante desses resultados é que se descobre qual decisão estará comprometida com um tratamento universal no direito. As ações que subvertem ou falham em dar respeito suficiente aos valores em questão, ou ainda tratam como errônea as formas de conduta que não inclui tal subversão ou falha, são inaceitáveis porque alimentam uma injustiça, isto é, uma falha da virtude própria das instituições do Direito.[117]

---

[114] MACCORMICK, Neil; WEINBERGER, Ota. An institutional theory of law. *Springer Science & Business Media*, 1986, p. 204.
[115] MACCORMICK, Neil. Universales y particulares. *Doxa*, n. 32, 2009, p. 127-150, p. 134.
[116] MACCORMICK, Neil. *Rhetoric and the rule of law*: a theory of legal reasoning. Oxford University Press, 2005, p. 113.
[117] MACCORMICK, Neil. *Rhetoric and the rule of law*: a theory of legal reasoning. Oxford University Press, 2005, p. 114.

No entanto, não é qualquer valor constitucional que pode ser usado para fundamentar uma decisão, pois MacCormick considera que os diferentes ramos do direito focam diferentes valores ou aglomerados de valores.[118] Assim que, ao decidir, o juiz – ou administrador público, no caso da Solução de Consulta – deve buscar resolver a questão a ser solucionada com fulcro nos valores específicos do ramo do direito discutido. O que não significa que, em uma lide tributária, somente os valores atinentes ao Direito Tributário estarão em voga. Veja-se, como exemplo, a Solução de Consulta Cosit n. 15, de 23 de fevereiro de 2015. Nesse caso, dois ramos do direito estavam em discussão, o Direito Tributário e o Direito Empresarial. Os valores de um e de outro deveriam fazer parte do norte seguido pelo Auditor-Fiscal responsável pela solução do processo de consulta tributária.

Aqui, abre-se um parêntese para comentar que a teoria da argumentação jurídica, formulada por Alexy, desenvolvida e precisada, coincide substancialmente com a de MacCormick. No Brasil, estuda-se muito mais a teoria de Alexy, por isso é interessante fazer o paralelo. Ambos percorreram, cabe dizer, o mesmo caminho, mas em sentidos opostos. MacCormick parte das argumentações ou justificações das decisões tal e como, de fato, elas ocorrem nas instâncias judiciais e, a partir daí, elabora uma teoria da argumentação jurídica, que ele acaba por considerar como fazendo parte de uma teoria geral da argumentação prática. Alexy, pelo contrário, parte de uma teoria da argumentação prática geral, que ele projeta, depois, para o Direito.[119]

As duas teorias aplicam a razão prática para trazer os princípios para o direito. Por isso, fazem parte de uma mesma escola: a da Argumentação Jurídica.

1.8. A consistência e a coerência
De novo, tudo tem início na forma silogística de aplicação da lei, tendo em vista que mostra como essa aplicação é enraizada na ideia de universalização de regras induzidas a partir de casos particulares, que explicam os fatos que as normas do ordenamento jurídico estipulam como sendo legalmente

---

[118] MACCORMICK, Neil. *Rhetoric and the rule of law*: a theory of legal reasoning. Oxford University Press, 2005, p. 113.
[119] RODRIGUEZ, Manuel Atienza. *As razões do direito*: teorias da argumentação jurídica. Tradução de Maria Cristina Guimarães Cupertino. São Paulo: Landy, 2000, p. 159.

operativos. No entanto, conforme exaustivamente repetido, isso pode ser problemático, e normalmente é, no direito. Desafios podem aparecer no que diz respeito à relevância da premissa maior, ou a respeito da sua apropriada interpretação, ou a respeito da apropriada classificação de um fato particular que alegadamente explica os fatos operativos que estão na regra, ou a respeito da apropriada aplicação de um valor (um *standard*) incluído na regra. E podem existir problemas de prova que se entrelaçam com outros problemas. Acrescente-se a isso o fato de que a interpretação das consequências normativas estipuladas em uma regra pode ser tão problemática como a interpretação dos fatos operativos na aplicação da regra.[120]

MacCormick aponta um caminho a ser seguido na solução de uma celeuma jurídica. Primeiro, o raciocínio lógico dedutivo. Se for possível uma única solução com base nesse raciocínio, está justificada universalmente uma decisão judicial (ou, conforme se está tentando demonstrar aqui, uma Solução de Consulta). Contudo, o raciocínio lógico-dedutivo, sozinho, pode viabilizar mais de uma resposta razoável. A interpretação jurídica, normalmente, apresenta mais de um resultado que se enquadra bem no raciocínio. Em um segundo passo, analisam-se as diversas respostas encontradas na moldura do raciocínio lógico em face da consistência e da coerência. Somente depois, tendo ainda sobrevivido mais de uma solução possível para o caso, parte-se para a busca das consequências normativas de cada um dos resultados possíveis. O resultado que melhor atenda aos valores constitucionais preconizados pelos ramos do Direito que estão presentes na lide servirá como justificação para a decisão a ser tomada.

A consistência é satisfeita com a não contradição. Um conjunto de proposições é mutuamente consistente se cada uma pode, sem contradição, ser afirmada em conjunto com todas as outras.[121] Para ser consistente, uma Solução de Consulta não pode contradizer o ordenamento jurídico. Nesse sentido, a Solução de Consulta Cosit n. 15, de 23 de fevereiro de 2015, não contradiz, porquanto o *caput* do art. 150 do Regulamento do Imposto de Renda (RIR) determina que as empresas individuais, para os efeitos do

---

[120] MACCORMICK, Neil. *Rhetoric and the rule of law*: a theory of legal reasoning. Oxford University Press, 2005, p. 254.

[121] MACCORMICK, Neil. *Rhetoric and the rule of law*: a theory of legal reasoning. Oxford University Press, 2005, p. 190.

Imposto de Renda, são equiparadas às pessoas jurídicas.[122] A Eireli é uma empresa individual, como o próprio nome anuncia – Empresa Individual de Responsabilidade Limitada –, e o §1º do art. 150 pode ser considerado de caráter exemplificativo, *numerus apertus*.

A coerência é a propriedade de um conjunto de proposições que, colocadas em conjunto, faz sentido como um todo. A consistência não é um pré-requisito para a coerência, tendo em vista que, diferentemente da consistência, a coerência pode ser colocada na forma de graus. Uma história pode ser coerente como um todo e, no entanto, conter algumas inconsistências internas – e, nesse caso, o sentido de coerência do todo da história poderá ser decisivo na escolha das partes das proposições inconsistentes que devem ser descartadas em razão de suas anomalias.[123] Interessante, para entender como a consistência não interfere na coerência, é analisar uma das argumentações apresentadas no bojo da Solução de Consulta Cosit n. 15, de 23 de fevereiro de 2015, como fundamentação para a decisão apresentada:

> 3. Embora o RIR/99 estabeleça algumas restrições para classificação e tributação como pessoa jurídica para algumas atividades profissionais, legislação superveniente, mais precisamente o Código Civil, dá novo conceito às empresas individuais constituídas sob a forma de responsabilidade limitada. O §5º do art. 980-A do Código Civil abre a possibilidade para que as empresas individuais, constituídas sob a forma de responsabilidade limitada – EIRELI – tenham suas receitas tributadas como pessoas jurídicas.[124]

---

[122] Decreto n. 3000, de 26 de março de 1999. Art. 150. As empresas individuais, para os efeitos do imposto de renda, são equiparadas às pessoas jurídicas (Decreto-Lei nº 1.706, de 23 de outubro de 1979, art. 2º).
§ 1º São empresas individuais:
I – as firmas individuais (Lei nº 4.506, de 1964, art. 41, § 1º, alínea "a");
II – as pessoas físicas que, em nome individual, explorem, habitual e profissionalmente, qualquer atividade econômica de natureza civil ou comercial, com o fim especulativo de lucro, mediante venda a terceiros de bens ou serviços (Lei nº 4.506, de 1964, art. 41, § 1º, alínea "b");
III – as pessoas físicas que promoverem a incorporação de prédios em condomínio ou loteamento de terrenos, nos termos da Seção II deste Capítulo (Decreto-Lei nº 1.381, de 23 de dezembro de 1974, arts. 1º e 3º, inciso III, e Decreto-Lei nº 1.510, de 27 de dezembro de 1976, art. 10, inciso I).
[123] MACCORMICK, Neil. *Rhetoric and the rule of law*: a theory of legal reasoning. Oxford University Press, 2005, p. 190.
[124] Solução de Consulta Cosit n. 15, de 23 de fevereiro de 2015.

Aqui, diferentemente da decisão que, vista de maneira isolada, se mostrava consistente, existe um problema sério com relação a esse argumento. Se o §5º do art. 980-A abrisse a possibilidade para que as empresas individuais tenham suas receitas tributadas como pessoas jurídicas, o que não faz, isso não permitiria, por si só, a tributação favorecida, haja vista que §6º do art. 150 da Constituição Federal é bem rigoroso no que concerne aos benefícios fiscais:

> § 6º Qualquer subsídio ou isenção, redução de base de cálculo, concessão de crédito presumido, anistia ou remissão, relativos a impostos, taxas ou contribuições, só poderá ser concedido mediante lei específica, federal, estadual ou municipal, que regule exclusivamente as matérias acima enumeradas ou o correspondente tributo ou contribuição, sem prejuízo do disposto no art. 155, § 2º, XII, g.

Considerar as Empresas Individuais como Pessoa Jurídica é uma forma de subsídio, pois garante a elas uma tributação favorecida, com uma alíquota bem inferior. Assim, só poderia ser concedida através de uma lei específica, tal qual dispõe o art. 2º do Decreto-Lei nº 1.706, de 23 de outubro de 1979, que é uma norma que trata especificamente da tributação simplificada para pequenas e médias empresas:

> Art. 2º As empresas individuais, para os efeitos da legislação do imposto de renda, são equiparadas as pessoas jurídicas.

A fundamentação dada na solução de consulta é claramente inconsistente com o nosso ordenamento jurídico e, por isso, não serve como justificativa para o que foi decidido. A análise demonstra a importância da utilização de parâmetros para a validade na justificação de uma Solução de Consulta, o que será mais bem demonstrado no decorrer deste trabalho.

Uma classificação de parâmetros para a validade é um pressuposto necessário para assegurar a consistência das normas em um sistema. Um exemplo simplificado pode ser o de um sistema cujos critérios de validade sejam (*a*) leis feitas pelo parlamento e (*b*) decisões vinculantes de um tribunal constitucional (aqui poderiam ser colocadas as decisões de Solução de Consulta no âmbito da Receita Federal do Brasil, contudo isso será visto mais tarde). Tais parâmetros são hierarquicamente ranqueados, assim qualquer ato do parlamento retira a validade de uma decisão vinculante do tribunal constitucional que tenha um teor contrário.[125] Esse é um critério a ser utilizado pelo intérprete.

Devem ser adicionados, ao menos, mais dois critérios prioritários: *lex posterior derogat priori* e *lex specialis derogat generalibus*. De acordo com eles, respectivamente, lei posterior revoga lei anterior, e lei especial derroga a com caráter geral. Desse modo, têm-se bases para se assegurar que, a qualquer momento, as regras do sistema podem ser consideradas mutuamente consistentes. Isso porque todo ator do direito que se confrontar com um par mutuamente contraditório de regras pode, *a priori*, aplicar os critérios de determinação que fixam qual norma está valendo e em que extensão (isso pressupõe que as duas normas em questão, e talvez o critério *a priori* também, devem estar sujeitas à interpretação – outro fator complicador a ser considerado).[126]

No que concerne à coerência, a argumentação jurídica confeccionada para a justificação deve ser coerente como um todo. Aliás, existem dois tipos de testes distintos para coerência. O primeiro, que pode ser chamado de *teste da coerência normativa*, tem a ver com a justificação de proposições normativas no contexto de um sistema legal concebido como uma ordem normativa. O segundo, que pode ser chamado de *teste da coerência narrativa*, tem a ver com a justificação das constatações de fato e a dedução de inferências razoáveis das evidências encontradas.[127]

A coerência narrativa não serve para os efeitos da consulta tributária. Os fatos não são analisados em uma Solução de Consulta, somente a interpretação dada ao texto e o enquadramento da narrativa apresentada na norma discutida.

Sendo assim, voltando à coerência normativa, o que se tem é uma questão de sentido. As normas são racionalmente relacionadas em conjunto, instrumentalmente ou intrinsicamente, por isso devem realizar um valor ou valores comuns. É uma função da sua justificação quanto a princípios e valores de uma ordem superior, sendo certo que uma ordem superior, ou

---

[125] MACCORMICK, Neil. *Rhetoric and the rule of law*: a theory of legal reasoning. Oxford University Press, 2005, p. 230.
[126] MACCORMICK, Neil. *Rhetoric and the rule of law*: a theory of legal reasoning. Oxford University Press, 2005, p. 230.
[127] MACCORMICK, Neil. *Rhetoric and the rule of law*: a theory of legal reasoning. Oxford University Press, 2005, p. 189.

princípios e valores de uma ordem superior, é aceita como delineadora do que se tem como concebível para o ordenamento como um todo.[128]

Uma forma simples de se colocar é aquela em que se diz serem os princípios um guia sobre a busca dos valores no contexto de uma atividade regulada por lei. No contexto legal, os princípios também podem funcionar como guias para a interpretação de textos estatutários em casos problemáticos,[129] como os que concernem às Soluções de Consulta.

No teste de coerência, a tarefa do responsável pela decisão, no âmbito da coerência normativa – tendo em vista sua importância para a Solução de Consulta –, é a questão dos princípios ou valores que serão, o máximo possível, relevantes para o caso discutido. Também as leis e precedentes que lidam com objetos similares no mesmo campo do direito devem ser colhidos. Isso pode em parte ser encontrado em material existente e, em parte, construído de modo a estabelecer um modo coerente com o ramo do direito afetado, mostrando seu suporte em face dos princípios e valores subjacentes ou a coerência com o conjunto de princípios e valores. As regras são feitas para serem determinações ou concretizações desses princípios, devem então ser o veículo para que possa se dar efeito a eles. Novas decisões que podem ser subsumidas com o mesmo esquema são também consideradas coerentes com o direito anterior. Assim os princípios são parte da justificação da decisão de um caso.[130]

Explicando melhor: a racionalidade jurídica moderna foca na legalidade em termos de um sistema, ou qualidade sistêmica. Sob o Estado de Direito, conformar com uma norma de direito significa conformar com a norma identificada como um membro relevante do sistema legal. Sistemas legais são sistemas normativos institucionalizados; sistemas do Estado de Direito são sustentados territorialmente e coercitivamente. Outros sistemas, como a norma religiosa, regulam membros de comunidades religiosas em um, supostamente, modo não territorial, e se filiam em sanções de

---

[128] MACCORMICK, Neil. *Rhetoric and the rule of law*: a theory of legal reasoning. Oxford University Press, 2005, p. 193.
[129] MACCORMICK, Neil. *Rhetoric and the rule of law*: a theory of legal reasoning. Oxford University Press, 2005, p. 193
[130] MACCORMICK, Neil. *Rhetoric and the rule of law*: a theory of legal reasoning. Oxford University Press, 2005, p. 199.

exclusão, ao invés de coerção, exceto no contexto em que a norma religiosa interage com a do Estado de Direito.[131]

A sistematicidade jurídica envolve a ideia de que o Direito não é arbitrário ou sem propósito, mas sim uma expressão de valores razoavelmente defensáveis ou princípios relativos a interações sociais humanas. Isso proporciona uma noção de coerência normativa distinta da ideia de consistência em um sentido lógico. A consistência é a ausência de contradição lógica entre duas ou mais regras, enquanto coerência é uma compatibilidade axiológica entre duas ou mais regras, tudo sendo justificável com referência a algum princípio ou valor comum. Tanto a consistência como a coerência são supostamente obtidas entre as normas que são válidas. Daí a coerência normativa ser um personagem de sistemas normativos vistos sincronicamente.[132]

Apesar de consistência e coerência serem conceitos distintos, eles interagem na prática. O critério que, *a priori*, permite a ab-rogação de uma de duas normas contraditórias entra em jogo somente quando o processo de interpretação revela que uma regra em sua interpretação apropriada conflita com outra regra também interpretada de modo apropriado.[133] Nesses casos, o sistema como um todo resta incoerente, daí a necessidade de se avançar no caminho traçado por MacCormick e determinar qual norma realmente se aplica ao caso – como existem *standarts*, a procura pela que melhor se coaduna se faz segura e passível de controles.

Lidar com esses problemas chama pelo exercício da razão prática, e representa que o que foi feito exige uma fundamentação. As razões expostas justificam as decisões no que diz respeito aos casos em que os cidadãos buscam no Judiciário (ou na Administração Tributária, quando em termos de Solução de Consulta) um remédio para o seu imbróglio. Essas razões têm certas características, que devem ser exploradas em profundidade. Elas são universais ou, ao menos, universalizáveis. O universo que implantam tem de ser testado no que diz respeito as suas consequências, mais particularmente no que diz respeito às consequências jurídicas. Isso envolve a

---

[131] MACCORMICK, Neil. *Rhetoric and the rule of law*: a theory of legal reasoning. Oxford University Press, 2005, p. 229.
[132] MACCORMICK, Neil. *Rhetoric and the rule of law*: a theory of legal reasoning. Oxford University Press, 2005, p. 231.
[133] MACCORMICK, Neil. *Rhetoric and the rule of law*: a theory of legal reasoning. Oxford University Press, 2005, p. 233.

avaliação, com referência em valores relativos ao Direito em geral e/ou a um determinado ramo do Direito. Argumentos de precedentes ilustram esse ponto, e argumentos interpretativos exibem uma preocupação similar com o aspecto teleológico à luz dos objetivos razoáveis imputados a estatutos particulares ou a outros instrumentos legais, enquanto, ao mesmo tempo, têm, em devida conta, o aspecto linguístico e o contexto sistêmico do texto da norma. A necessidade de coerência, tanto a normativa como a narrativa, impõe um constrangimento significativo no que é aceitável como argumento em direção às conclusões legais, e indica um papel essencial tanto como argumento de princípio como argumento por analogia no direito. Ambos na aplicação das normas legais e na proposição de normas (universais) para resolver problemas de aplicação do direito, de revogabilidade de premissas legais e de conclusões por aspectos presentes no direito, e de sua abertura necessária para desenvolvimentos imprevistos.[134]

No próximo Capítulo, será explicado como se dá uma Solução de Consulta tributária e de que modo ela pode se encaixar na Teoria Consequencialista de MacCormick. É de suma importância para esta pesquisa, pois fará a ponte necessária entre a decisão judicial que tem caráter vinculante e a decisão em uma Solução de Consulta.

---

[134] MACCORMICK, Neil. *Rhetoric and the rule of law*: a theory of legal reasoning. Oxford University Press, 2005, p. 255.

2
A Solução de Consulta

Este Capítulo pretende esclarecer o que é uma "Consulta Tributária" para, em seguida, fazer um paralelo com uma decisão judicial. A intenção é demonstrar a possibilidade de se utilizar do argumento consequencialista de MacCormick na justificação de uma decisão em Solução de Consulta Tributária. O Capítulo precedente é essencial para essa segunda parte do raciocínio. Apesar da preocupação em se retomar alguns conceitos-chave para o entendimento do que se postula, a compreensão da Teoria de MacCormick é imprescindível na construção dessa ponte com o último Capítulo, no qual será verificada a aplicação da teoria nas Soluções de Consulta.

Pode-se dizer que este Capítulo é o coração da ideia que se defende neste trabalho. MacCormick fixou sua teoria em face da argumentação no âmbito de uma decisão judicial. As premissas relevadas levam em conta primordialmente os precedentes de uma suprema corte em um sistema de *common law*. Assim, para transpor seu raciocínio a uma Solução de Consulta, será necessário confirmar que as mesmas premissas pontuadas pelo autor estão presentes em um processo de resolução de consulta tributária.

No Brasil, a doutrina que trabalha a consulta tributária é muito parca e, em geral, está adstrita a um período anterior à modificação introduzida pela IN RFB n. 1.396, de 16 de setembro de 2013. Essa norma alterou substancialmente o regime jurídico da Solução de Consulta, pois a empoderou com efeito vinculante no âmbito da RFB, respaldando o sujeito passivo que as aplicar, independentemente de ser o consulente, desde que esteja enquadrado na hipótese abrangida pela solução.[135]

Com a mudança, é possível que o interesse sobre o assunto aumente, pelo menos foi o que ocorreu na Espanha. A doutrina espanhola não prestava especial atenção à instituição da consulta tributária. Essa situação contrastava com o que ocorria no Direito comparado, no qual a instituição da consulta ocupou sempre um lugar privilegiado para os estudiosos de Direito Tributário. Martinez entende que isso pode ter se dado pelo fato de que a consulta tributária não teve, por muito tempo, efeitos vinculantes para todas as matérias, mas meramente informativos. O autor observa que a regra entre os países vizinhos, que já contavam com uma legislação que dava, de modo geral, eficácia vinculante às soluções de consulta, era a de se ter uma doutrina mais desenvolvida acerca do conteúdo.[136]

2.1. A consulta tributária

Podem-se encontrar diversos conceitos de consulta tributária na doutrina. Alguns um pouco mais elaborados, outros um tanto quanto simplistas. O que se deve ter em mente é que essas definições se modificam em razão do regime jurídico a que está jungida a consulta tributária no país de referência. Quando a Administração Tributária é obrigada a respeitar o estabelecido em uma Solução de Consulta (vinculação), pode-se dizer que as consultas tributárias são regras ou normas que a Administração dá a si mesma. Ortiz Calle preleciona que seu fundamento genérico está no poder de organização e direção inerentes à função executiva. Dito fundamento explica que a Administração não necessita específica autorização de lei formal para a aprovação de tais normas, cujo propósito é perfilar com precisão a estrutura interna e as pautas de atuação da própria organização administrativa da qual emana esse Direito interno.[137] Interessante

---

[135] IN RFB 1.396, de 16 de setembro de 2013. Art. 9º A Solução de Consulta Cosit e a Solução de Divergência, a partir da data de sua publicação, têm efeito vinculante no âmbito da RFB, respaldam o sujeito passivo que as aplicar, independentemente de ser o consulente, desde que se enquadre na hipótese por elas abrangida, sem prejuízo de que a autoridade fiscal, em procedimento de fiscalização, verifique seu efetivo enquadramento.

[136] MARTÍNEZ, Francisco Adame. Naturaleza jurídica y efectos de las contestaciones a consultas tributarias. *Documentos-Instituto de Estudios Fiscales*, n. 28, p. 1-40, 2005.

[137] ORTIZ CALLE, Enrique. La agencia estatal de administración tributaria. *Boletín Oficial del Estado*, 1998, p. 153.

notar que, para a Receita Federal do Brasil (RFB), a vinculação foi instituída por meio de uma norma exarada no âmbito do próprio órgão. A IN RFB 1.396, de 2013, é a expressão de uma potestade, inerente à criação do órgão com suas competências, de auto-organização e de direção de sua própria atividade.

Em outro sentido, a consulta tributária é vista como o direito de qualquer obrigado tributário a solicitar por escrito à Administração Tributária competente que esta lhe informe, também por escrito, acerca de qual é a interpretação administrativa das normas tributárias aplicáveis a um caso concreto que lhe afeta, restando a Administração atuante vinculada no que diz respeito à Solução de Consulta dada.[138] Aqui o que se releva não é mais a norma criada, mas a informação prestada. A diferença está no que se crê ser a natureza jurídica da consulta no que concerne a um ou outro autor. Se, para Ortiz Calle, a Solução de Consulta é uma norma jurídica, para Gómez, ela é um ato administrativo. Essa questão será tratada de modo minucioso mais a frente neste mesmo Capítulo.

Tendo em conta que a Solução de Consulta tributária é uma potestade da Administração Tributária, as normas interpretativas exaradas são expressão de um poder discricionário da Administração,[139] o qual dá ao órgão alguma liberdade para decidir entre limites rígidos da lei. Essa discricionariedade aparece por conta de uma característica própria da interpretação do direito. Os diversos métodos e técnicas construídos para descobrir o sentido da lei são utilizados com o objetivo de influenciar decisões e administrar sentidos. Inexiste texto que conduza necessariamente a uma única interpretação juridicamente correta. Algumas vezes acontece de a interpretação chegar, inclusive, a resultados contraditórios.[140] Essa liberdade de criação na interpretação e na aplicação do direito, dentro das fronteiras demarcadas pelo ordenamento jurídico, é a discricionariedade dada ao administrador no momento de decidir.

---

[138] GÓMEZ, María Begoña Villaverde. Un supuesto de interpretación de las normas tributarias: los efectos jurídicos de las contestaciones a consultas. *Dereito – Revista xuridica da Universidade de Santiago de Compostela*, n. 1, p. 685-715, 2013, p. 687.
[139] ORTIZ CALLE, Enrique. La agencia estatal de administración tributaria. Boletín Oficial del Estado, 1998, p. 153.
[140] NETO, Celso de Barros Correia; MEIRA, Liziane Angelotti. Métodos de interpretação e direito tributário. *Nomos*, v. 33, n. 2, 2013, p. 53.

Neste ponto, resta claro que neste trabalho, na corrente de boa parte da doutrina, considera-se a Solução de Consulta tributária como um direito interno da Administração. Quer dizer que o que se fixa nessas soluções é uma verdadeira norma jurídica, fonte de conhecimento de primeira ordem tanto para os funcionários integrados na Administração Tributária como para os próprios obrigados tributários.[141]Esse posicionamento será explicado mais adiante quando se buscar identificar a natureza jurídica do instituto.

Sabendo-se o que é uma consulta tributária e, por consequência, uma Solução de Consulta tributária, parte-se para a definição da sua finalidade. O que se quer com a consulta, questão que pode ser denotada do próprio conceito, é obter, de parte da Autoridade Tributária, esclarecimento sobre o seu entendimento relativamente à aplicação de norma tributária existente.[142]

A razão primordial para a criação de um processo de consulta tributária é dar-se segurança jurídica ao contribuinte na aplicação do direito, visto que, nos dias de hoje, o direito positivo obriga os sujeitos passivos a formular autodeclarações e liquidações.[143] O contribuinte deve, então, conhecer os termos da legislação aplicável, ou melhor, o entendimento da Administração para com esta legislação, pois será ele o responsável pela observância de seus termos, uma vez que, tendo repassado grande parte do encargo arrecadatório para o contribuinte, resta à Administração agir de modo leal e entregar ao seu público o que se deve extrair da norma na aplicação do caso concreto. Nas palavras de Ortiz Calle:

> Os deveres de assistência e informação tributária, para cuja realização resulta especialmente conveniente uma correta regulação das faculdades interpretativas da Administração tributária, são os que devem compensar a maior onerosidade que a aplicação efetiva do sistema tributário tem para os contribuintes, um dever de assistência tributária que deve ser entendido como uma simples derivação da cláusula de Estado de direito. Assim, o fun-

---

[141] ORTIZ CALLE, Enrique. La agencia estatal de administración tributaria. *Boletín Oficial del Estado*, 1998, p. 154.
[142] PAULSEN, Leandro; ÁVILA, René Bergmann; SKUWJA, Ingrid Schroder. *Direito processual tributário*: processo administrativo fiscal e execução fiscal à luz da doutrina e da jurisprudência. São Paulo: Livraria do Advogado, 2014, p. 288.
[143] DIAZ VICENTE, Óscar. La consulta tributaria antecipada. *Boletín Informativo, Asociación Argentina de Estudios Fiscales (AAEF)*, Buenos Aires, abril de 2003, p. 2.

damento dos deveres de assistência e informação é simplesmente uma derivação do princípio da segurança jurídica: em concreto, a ideia segundo a qual em um Estado de Direito ninguém pode se ver privado de seus direitos por sua ignorância e, por essa razão, as autoridades administrativas devem informar ao cidadão sobre seus direitos e possibilidades, e não aproveitar-se de sua ignorância ou inexperiência.[144]

O Direito Tributário no Brasil se caracteriza por ter um número incontável de normas (de acordo com o Instituto Brasileiro de Planejamento e Tributação, em 25 anos de Constituição, entre 1988 e 2013, foram editadas 309,1 mil normas tributárias, uma média de 31 por dia).[145] Essas normas têm de ser aplicadas diretamente pelos cidadãos, com o objetivo de cumprir com a obrigação de liquidar impostos. A aplicação é feita por um processo de qualificação dos fatos e de interpretação das normas, que são profusas, confusas e difusas.[146]

Além da quantidade de normas de Direito Tributário no ordenamento jurídico brasileiro, tem-se que a interpretação dessas normas, muitas das vezes, envolve escolhas entre diversos caminhos possíveis. A textura aberta do direito significa que há, na verdade, áreas de conduta em que a compreensão do direito deve ser desenvolvida pelos tribunais ou pelos funcionários, os quais determinam o equilíbrio, à luz das circunstâncias, entre interesses conflitantes que variam em peso, de caso para caso.[147]

A consulta tributária é, assim, por um lado, um norte para o contribuinte, que poderá se valer dela para que consiga bem aplicar a norma. Por outro lado, assume a função doutrinal de:

> mantener la unidad de criterio al interior de la administración para garantizar que todos sus funcionarios acogen, en términos generales, la misma línea

---

[144] ORTIZ CALLE, Enrique. La agencia estatal de administración tributaria. *Boletín Oficial del Estado*, 1998, p. 157-158. Foi feita uma tradução livre do texto.

[145] *Folha de São Paulo*. Normas tributárias do Brasil viram livro de 41 mil páginas e 7,5 toneladas, São Paulo, 25 de março de 2014. Disponível em: <http://www1.folha.uol.com.br/mercado/2014/03/1430486-normas-tributarias-do-brasil-viram-livro-de-41-mil-paginas-e-75-toneladas.shtml>. Acesso em 9 out. 2015.

[146] PIZA, Julio Roberto. La consulta tributaria. *Revista Derecho fiscal*, p. 115, set. 2008, Universidad Externado de Colombia, p. 115, 2008, 117.

[147] LA HART Herbert. *O conceito de direito*. Tradução A. Ribeiro Mendes. v. 3. 3. ed. ampliada. Lisboa: Fundação Calouste Gulbenkian, 1994, p. 148.

de interpretación sobre un determinado problema jurídico; esto permite establecer reglas claras en el manejo de las relaciones con los contribuyentes, evitando que las actuaciones del ente oficial, como un solo órgano que es, se apoyen en opiniones y criterios diversos.[148]

A resposta a uma consulta, potestade exercida pela Administração Tributária, que, diante da dispersão e prolixidade da legislação fiscal e sua crescente complexidade e tecnicismos, assumiu como própria a tarefa do seu esclarecimento, é um esforço da Administração por centralizar a interpretação, o que assegura a aplicação uniforme das normas tributárias.[149] Trata-se de uma manifestação de juízo da Administração a um pedido de interpretação individualizada de um obrigado tributário sobre a incidência de tributos a um caso concreto. Essa manifestação de juízo refere-se ao alcance e aos efeitos jurídicos de uma norma sob um fato determinado, particular.[150] Consubstancia-se em uma das maiores garantias que os contribuintes dispõem em suas relações com a Administração Tributária no marco de um direito de imposição de massas.[151]

Visto o lado do contribuinte, falta pontuar para a Administração Tributária o que representa a consulta tributária. A vinculação da consulta para a Administração Tributária proporciona um caráter institucional para a interpretação feita no processo de consulta tributária. Não é mais uma norma que ficará constrita ao nível individual, mas que será aplicada a diversos casos similares, criando respostas, formas de comportamento dos contribuintes, ao entendimento exarado. Além disso, está em vertiginoso descrédito a doutrina que se empenha em descobrir e revelar a vontade, a intenção, o pensamento do legislador. Despreza os postulados da Psicologia moderna, reduz, em demasia, o campo da Hermenêutica, ao considerar tão somente uma interpretação possível. Carlos Maximiliano assenta que se trata mais de ficções do que de verdades demons-

---

[148] FUENTES BERNAL, Juan José. Doctrina tributaria oficial y problemas de la hermenéutica jurídica. *Revista de Derecho Fiscal*, n. 4, 2011, p. 119.
[149] GOMES, Marcus Lívio. *A interpretação da legislação tributária*: instrumentos para a unificação de critério administrativo em matéria tributária. São Paulo: Quartier Latin, 2010, p. 121-122.
[150] GOMES, Marcus Lívio. *A interpretação da legislação tributária*: instrumentos para a unificação de critério administrativo em matéria tributária. São Paulo: Quartier Latin, 2010, p. 123.
[151] ORTIZ CALLE, Enrique. La agencia estatal de administración tributaria. *Boletín Oficial del Estado*, 1998, p. 158.

tráveis, força pesquisas quase sempre inúteis e, em regra, não atinge a certeza colimada.[152] Não existe só uma interpretação possível para a norma. O Administrador Tributário, ao determinar o alcance e os efeitos jurídicos de uma norma, está fazendo uma entre diversas escolhas concebíveis. Essa escolha deverá ser feita tendo em conta o caráter institucional dessa norma criada. O tipo de comportamento, de respostas, que irá provocar nos contribuintes.

Esses dois ângulos de visão da consulta tributária, sob a perspectiva do contribuinte e sob a da Administração Tributária, satisfazem o compromisso entre duas necessidades sociais apontadas por Hart: a de que certas regras possam, sobre grandes zonas de conduta, ser aplicadas com segurança por indivíduos privados, sem uma orientação oficial nova ou sem ponderar as questões sociais, e a de deixar em aberto, para resolução ulterior, através de uma escolha oficial e informada, questões que só podem ser adequadamente apreciadas e resolvidas quando surgem num caso concreto.[153]

2.2. O procedimento de consulta tributária

No Brasil, o processo de consulta tributária é regido pela Lei n. 9.430, de 27 de dezembro de 1996. Muitas das questões serão respondidas em seu bojo. O Decreto n. 70.235, de 6 de março de 1972, apesar de ser uma norma regulamentadora da Lei, não traz muitas novidades com relação ao assunto. É a In RFB 1.396, de 16 de setembro de 2013, que detalha as circunstâncias a serem aplicadas ao processo.

2.2.1. O procedimento de consulta tributária

O art. 2º da In RFB 1.396, de 2013, dispõe que:

> A consulta poderá ser formulada por:
> I – sujeito passivo de obrigação tributária principal ou acessória;
> II – órgão da administração pública; ou
> III – entidade representativa de categoria econômica ou profissional.

---

[152] MAXIMILIANO, Carlos. *Hermenêutica e aplicação do direito*. 20. ed. Rio de Janeiro: Forense, 2011, p. 25.
[153] LA HART Herbert. *O conceito de direito*. Tradução A. Ribeiro Mendes. v. 3. 3. ed. ampliada. Lisboa: Fundação Calouste Gulbenkian, 1994, p. 143.

Assim, a legitimidade ativa para formular consultas corresponde aos contribuintes, aos órgãos da Administração Pública e às entidades representativas de categoria econômica ou profissional.[154]

Schoueri entende que a consulta pode ser formulada tanto pelo sujeito passivo efetivo como pelo potencial. O sujeito passivo potencial é aquele, por exemplo, que postula se, no caso concreto, está configurada a sua condição de contribuinte para uma determinada obrigação tributária.[155] Nesses casos em que o consulente postula se é realmente sujeito passivo da obrigação, está-se diante de uma figura potencial.

Como regra geral, podem formular consulta individual aqueles que revelam interesse pessoal, decorrente de sua condição efetiva, ou potencial, de sujeito passivo de obrigação principal ou acessória.[156]

2.2.2. Efeitos das Soluções de Consulta
2.2.2.1. Para a Administração

O efeito mais importante da Solução de Consulta para a Administração Tributária é uniformizar o critério dentro do órgão, garantindo que todos os seus funcionários acolham, em termos gerais, a mesma linha de interpretação sobre um determinado problema jurídico. Dessa forma, se estabelecem regras claras do manejo das relações com os contribuintes, evitando-se que as atuações do ente oficial, como um só órgão que é, se apoiem em opiniões e critérios distintos.[157] Antes da IN RFB n. 1.396, de 2013, que tornou a Solução de Consulta tributária vinculante no âmbito da Receita Federal do Brasil (RFB), não existia esse efeito uniformizador e era comum haver decisões conflitantes nas diversas regiões do país. Contudo, é inconcebível, em um Estado de Direito, que um órgão aplique critérios distintos para a resolução da mesma questão jurídica. Assim, esse é um efeito primordial que trouxe, com a sua inserção na norma, mais segurança jurídica para o contribuinte.

---

[154] GOMES, Marcus Lívio. *A interpretação da legislação tributária*: instrumentos para a unificação de critério administrativo em matéria tributária. São Paulo: Quartier Latin, 2010, p. 127.
[155] SCHOUERI, Luís Eduardo. Algumas reflexões sobre a consulta em matéria fiscal. *Cadernos de Direito Tributário e Finanças Públicas*, v. 3, n. 10, p. 119-140, 1995, p. 119.
[156] SCHOUERI, Luís Eduardo. Algumas reflexões sobre a consulta em matéria fiscal. *Cadernos de Direito Tributário e Finanças Públicas*, v. 3, n. 10, p. 119-140, 1995, p. 123.
[157] BERNAL, Juan José Fuentes. "Doctrina Tributaria Oficial y problemas de la hermenêutica jurídica". DERECHO FISCAL (2008): 119

A consulta, como instituto próprio do Direito Tributário, constitui uma garantia jurisdicional, no sentido de que tem por fim garantir o exercício regular das funções da Administração Tributária.[158] O princípio da segurança jurídica, como consequência dessa garantia, exige não somente que os cidadãos possam conhecer de antemão com exatidão quais são as consequências fiscais de uma determinada operação com relevância tributária, mas também que a Administração não possa depois mudar de critério.[159]

Bernal reclamou essa conexão entre segurança jurídica e modificação de critério pela Administração. Para o autor, constitui-se uma verdadeira aberração que um contribuinte, após ter formulado uma consulta e recebido uma determinada solução, pudesse se deparar com a mudança de critério da Administração, sem que nenhuma motivação precisasse ser dada.[160] Isso acontecia no âmbito da RFB antes da alteração feita pela Lei 12.788, de 14 de janeiro de 2013, na Lei 9.430, de 27 de dezembro de 1996. Anteriormente, a competência para solucionar uma consulta era atribuída ao órgão central somente nos casos de consultas formuladas por órgão central da administração pública federal ou por entidade representativa de categoria econômica ou profissional de âmbito nacional. Todas as outras consultas eram de competência das Regiões Fiscais. No caso de empresas com filiais em diversas regiões, acontecia de se ter que formular uma consulta para cada região onde fosse ocorrer o respectivo fato gerador objeto da celeuma normativa. Como cada região detinha competência para formular soluções, ocorria de o mesmo contribuinte se deparar com respostas diferentes. Nesses casos, restava o recurso à solução de divergência, no qual o contribuinte tem 30 dias, após a última decisão dada, para pleitear a uniformização de critério perante o órgão central.[161] Atualmente, além

---

[158] Diaz Vicente, Óscar. La consulta tributaria anticipada, en Boletín Informativo, Asociación Argentina de Estudios Fiscales (AAEF), Buenos Aires, abril de 2003, p. 1.

[159] MARTÍNEZ, Francisco Adame. Naturaleza jurídica y efectos de las contestaciones a consultas tributarias. *Documentos-Instituto de Estudios Fiscales*, n. 28, p. 1-40, 2005.

[160] MARTÍNEZ, Francisco Adame. Naturaleza jurídica y efectos de las contestaciones a consultas tributarias. *Documentos-Instituto de Estudios Fiscales*, n. 28, p. 1-40, 2005.

[161] IN RFB 1.396, de 16 de setembro de 2013. Art. 48. No âmbito da Secretaria da Receita Federal, os processos administrativos de consulta serão solucionados em instância única. § 1º A competência para solucionar a consulta ou declarar sua ineficácia, na forma disciplinada pela Secretaria da Receita Federal do Brasil, poderá ser atribuída: I – a unidade central; ou II – a unidade descentralizada. § 2º Os atos normativos expedidos pelas autoridades competentes serão observados quando da solução da consulta. § 3º Não cabe recurso nem

de vinculada, a decisão é centralizada, de modo que o risco de o mesmo contribuinte ser exposto a critérios distintos pela Administração Tributária é muito reduzido.

O princípio da segurança jurídica adquire um especial protagonismo em Direito Tributário devido, fundamentalmente, à dispersão normativa imperante neste ramo do Direito e ao caráter técnico, em alguns casos ambíguo, do seu conteúdo. Além do que, conforme já foi visto, tal como está configurado o atual sistema tributário, o cidadão necessita conhecer com precisão o alcance das normas que estabelecem suas obrigações materiais ou formais a fim de poder realizar as autodeclarações e liquidações a que é legalmente compelido. É uma série de obrigações que recaem sobre o cidadão que antes eram cumpridas pela própria Administração.[162]

São muitas as questões que devem ser observadas para que a decisão em uma Solução de Consulta proporcione segurança jurídica ao contribuinte. Além do caráter vinculante, é importante que haja um órgão especialmente qualificado da Administração Tributária, dotado de autoridade suficiente, e que essas soluções sejam publicadas em um meio que assegure sua difusão conveniente, para que os critérios do órgão qualificado não se vejam contraditos por outros órgãos administrativos de gestão. A observância desses requisitos diminui a margem de liberdade de interpretação dos órgãos administrativos. Devido ao caráter vinculante das interpretações, pode o contribuinte predizer as consequências jurídico-tributárias de suas atuações. Com a antecipação do entendimento da Administração Tributária, afora a conquista da segurança jurídica, reduzem-se consideravelmente os riscos de mudanças injustificadas de critérios interpretativos e, assim, diminui-se a arbitrariedade aplicativa, facilitando-se, enfim, um planejamento econômico por parte dos contribuintes.[163]

---

pedido de reconsideração da solução da consulta ou do despacho que declarar sua ineficácia. § 4º As soluções das consultas serão publicadas pela imprensa oficial, na forma disposta em ato normativo emitido pela Secretaria da Receita Federal. § 5º Havendo diferença de conclusões entre soluções de consultas relativas a uma mesma matéria, fundada em idêntica norma jurídica, cabe recurso especial, sem efeito suspensivo, para o órgão de que trata o inciso I do § 1º. § 6º O recurso de que trata o parágrafo anterior pode ser interposto pelo destinatário da solução divergente, no prazo de trinta dias, contados da ciência da solução.

[162] MARTÍNEZ, Francisco Adame. Naturaleza jurídica y efectos de las contestaciones a consultas tributarias. *Documentos-Instituto de Estudios Fiscales*, n. 28, p. 1-40, 2005.

[163] ORTIZ CALLE, Enrique. La agencia estatal de administración tributaria. *Boletín Oficial del Estado*, 1998, p. 159-160.

Visto que a Solução de Consulta limita a liberdade interpretativa de cada um dos órgãos de gestão, tem-se ainda que, devido ao caráter vinculante das interpretações, o contribuinte pode predizer as consequências jurídico-tributárias de suas atuações. Ao se reduzir consideravelmente o risco de mudanças injustificadas dos critérios interpretativos, produz-se, como efeito para a administração, ademais da diminuição da arbitrariedade aplicativa,[164] o aumento na confiança da relação fisco-contribuinte e uma política sã de prevenção de conflitos, o que representa a base de um bom sistema tributário.[165]

A IN RFB n. 1.396, de 2013, em seu art. 9º, assenta que o caráter vinculante das respostas às consultas afeta exclusivamente os órgãos de gestão da Administração Tributária. O fato é que, se fossem disposições administrativas inovadoras do ordenamento jurídico, seriam vinculantes para o Judiciário e para os próprios órgãos de revisão dos atos tributários,[166] como o CARF. No entanto, a consulta é um direito potestativo da Administração Tributária de se autorregular, o que afasta a possibilidade de sujeição de órgãos que não estejam incorporados à estrutura da Receita Federal do Brasil (RFB).

Para Díaz Vicente, a resposta a uma consulta prévia sobre um caso concreto só terá efeito vinculante se contiver determinados requisitos: 1) descrição do negócio consultado, para determinação das suas características e das razões integrantes dos seus elementos; 2) indicação de todas as circunstâncias do fato, no caso da possível relevância para o propósito de formar o enfrentamento da lei impeditiva; 3) menção, como elemento vinculante, às leis que permitem fundamentar o ato.[167] Esses requisitos são cobrados pela legislação brasileira, de forma que a descrição do negócio consultado corresponde ao relatório; a indicação de todas as circunstâncias do fato

---

[164] CALLE, Enrique Ortiz. La distribución de competencias interpretativas de la administración tributaria del Estado en la nueva ley general tributaria. In: Estudios en homenaje al profesor Pérez de Ayala. Dykinson, 2007. p. 363-382, p. 367.

[165] Diaz Vicente, Óscar. La consulta tributaria anticipada, en Boletín Informativo, Asociación Argentina de Estudios Fiscales (AAEF), Buenos Aires, abril de 2003, p. 1.

[166] MARTÍNEZ, Francisco Adame. Naturaleza jurídica y efectos de las contestaciones a consultas tributarias. *Documentos-Instituto de Estudios Fiscales*, n. 28, p. 1-40, 2005, p 10.

[167] Diaz Vicente, Óscar. La consulta tributaria anticipada, en Boletín Informativo, Asociación Argentina de Estudios Fiscales (AAEF), Buenos Aires, abril de 2003, p. 4.

também se encontra no relatório; e a menção às leis que fundamentam o ato está nos fundamentos legais.[168]

Marcus Livio Gomes já defendia o caráter vinculante da Solução de Consulta tributária no âmbito da RFB, antes mesmo da mudança legislativa. Para o autor, ainda que o efeito normativo não estivesse firmado em nenhuma lei federal, da solução de divergência (recurso, já citado, que serve para resolver casos em que existem soluções de consulta contraditórias entre si), extrair-se-ia o objetivo de unificação de critério administrativo a que visa a legislação tributária, visto que o entendimento seria uniformizado com a edição do ato normativo – ato declaratório interpretativo –, cabendo ser observado por toda a Administração no momento de aplicação do direito tributário, com efeitos *erga omnes* e vinculantes, em função do inciso I do artigo 100 do CTN.[169] O inciso I do art. 100 do Código Tributário Nacional (CTN) determina que os atos normativos expedidos pelas autoridades administrativas, no caso o ato declaratório interpretativo, é uma norma complementar das leis, dos tratados, das convenções internacionais e dos decretos. Se a inteligência de Livino fosse considerada como válida, o Parágrafo único do art. 100 seria aplicável aos casos de consulta, e a observância dessas soluções exaradas no processo de consulta excluiria a imposição de penalidades, a cobrança de juros de mora e a atualização do valor monetário. Em prejuízo, esse nunca foi o entendimento da Administração, a questão também nunca foi levantada judicialmente. O que sempre foi aplicado foi o § 2º do artigo 161 do CTN para liberar o devedor, no caso de consulta dentro do prazo legal para pagamento do crédito, dos juros de mora.

2.2.2.1.1. Circunstâncias que permitem a Administração modificar o entendimento exarado em uma Solução de Consulta

A Solução de Consulta deve garantir a estabilidade das relações criadas ao seu amparo. Como uma norma que se insere no ordenamento jurídico, ela provoca direitos e obrigações que reclamam a sua conservação para

---

[168] IN RFB 1.396, de 16 de setembro de 2013. Art. 8º, § 1º. A Solução de Consulta deverá conter: I – identificação do órgão expedidor, número do processo, nome, CNPJ, CEI ou CPF, e domicílio tributário do consulente; II – número, assunto, ementa e dispositivos legais; III – relatório; IV – fundamentos legais; V – conclusão; e VI – ordem de intimação.

[169] GOMES, Marcus Lívio. *A interpretação da legislação tributária*: instrumentos para a unificação de critério administrativo em matéria tributária. São Paulo: Quartier Latin, 2010, p. 133.

que continuem existindo. Em todo ordenamento, a ideia de conservação é essencial para assegurar a eficácia do sistema de consulta tributária, se a todo o instante a Administração se permitisse modificar o regramento estipulado em uma Solução de Consulta, o contribuinte não teria segurança a respeito do que é exarado no âmbito do processo de consulta tributaria.[170] Tanto para a confiabilidade do que dispõe a Administração quanto para prover o administrado de segurança jurídica, é necessário que as Soluções de Consulta sejam preservadas o quanto possível.

Não obstante, essa necessidade de se manter um grau de estabilidade no sistema tributário é também fundamental que a Administração conte com recursos para alterar sua interpretação de uma lei nos casos em que esta não esteja em consonância com o ordenamento jurídico.

De acordo com Marcus Livio Gomes, esse Princípio da Conservação dos Atos Jurídicos teria fulcro na cláusula *rebuc sic stantibus*. De forma que, tendo em conta que a legislação e a interpretação administrativa do caso não tenham sido modificadas, aplicar-se-ão ao consulente os critérios expressados na resposta, sempre e quando a consulta houver sido formulada no prazo e não tiverem sido alteradas as circunstâncias antecedentes dos demais dados constantes no texto da consulta. Os efeitos produzidos pela consulta somente terminam quando da publicação na Imprensa Oficial, posteriormente à formulação da consulta e antes de sua solução, de ato normativo ou interpretação administrativa que discipline o fato consultado.[171]

O art. 17 da In RFB n. 1.396, de 2013, dispõe que, na "*hipótese de alteração de entendimento expresso em Solução de Consulta sobre interpretação da legislação tributária e aduaneira, a nova orientação alcança apenas os fatos geradores que ocorrerem depois da sua publicação na Imprensa Oficial ou depois da ciência do consulente, exceto se a nova orientação lhe for mais favorável, caso em que esta atingirá, também, o período abrangido pela solução anteriormente dada*".

Algumas questões interessantes surgem desse dispositivo. Quando diz que a nova interpretação valerá depois da sua publicação na Imprensa Oficial ou depois da ciência do consulente, não se está a afirmar que a Admi-

---

[170] Diaz Vicente, Óscar. La consulta tributaria antecipada, en Boletín Informativo, Asociación Argentina de Estudios Fiscales (AAEF), Buenos Aires, abril de 2003, p. 2.
[171] GOMES, Marcus Lívio. *A interpretação da legislação tributária*: instrumentos para a unificação de critério administrativo em matéria tributária. São Paulo: Quartier Latin, 2010, p. 133.

nistração pode modificar o entendimento exarado em uma consulta sem que haja a publicação de um novo ato normativo. Seria completamente ilógico ab-rogar um ato publicado no diário oficial (como é o caso de uma Solução de Consulta) simplesmente comunicando a nova compreensão para o consulente, ainda mais com a vinculação desta solução para com os demais órgãos da Administração. O que se tentou estipular, de modo pouco claro, neste artigo foi o momento de aplicação da norma para o consulente que deu ensejo a sua proferição. Assim, para o consulente, o novo entendimento só será empregado depois que ele houver sido comunicado e que o ato normativo correspondente seja publicado (o "ou" do dispositivo tem sentido aditivo). Essa conclusão, apesar de parecer um pouco estranha, é a única possível, visto que a aplicação da nova compreensão somente poderá ser feita depois da publicação do novo ato normativo. Se fosse diferente, poderia se chegar à situação absurda de, comunicado o consulente, a nova compreensão somente seria imposta a ele, porquanto não teria sido publicado um ato revogador da Solução de Consulta que tem efeitos vinculantes sobre a Administração.

Esse artigo 17, além de proteger o consulente dos efeitos regressivos de uma nova interpretação que lhe é prejudicial, faz bem em possibilitar a aplicação retroativa do novo entendimento, se este lhe for favorável. Claro que, nesses casos, independe de publicação ou comunicação, pois a solução beneficia a parte mais "frágil" da relação jurídica, sendo, portanto, uma postura leal da Administração para com seus contribuintes fazer incidir a norma que lhes é menos onerosa a todos os fatos geradores que ocorreram no curso do processo de consulta tributária.

O § 12 do art. 48 da Lei n. 9.430/96 está em consonância com o artigo 146 do Código Tributário Nacional.[172] Esse dispositivo aduz os efeitos da mudança de critério jurídico. A orientação, tanto da doutrina quanto da jurisprudência, é clara no sentido de que nunca terá efeitos retroativos atingindo fatos geradores passados em prejuízo do contribuinte.[173]

---

[172] Lei n. 5.172, de 25 de outubro de 1966 (Código Tributário Nacional). Art. 146. A modificação introduzida, de ofício ou em consequência de decisão administrativa ou judicial, nos critérios jurídicos adotados pela autoridade administrativa no exercício do lançamento somente pode ser efetivada, em relação a um mesmo sujeito passivo, quanto a fato gerador ocorrido posteriormente à sua introdução.

[173] PAULSEN, Leandro; ÁVILA, René Bergmann; SKUWJA, Ingrid Schroder. *Direito processual tributário:* processo administrativo fiscal e execução fiscal à luz da doutrina e da jurisprudência.

Apesar de explicar como deve ser feita a alteração de entendimento expresso em uma Solução de Consulta, a In RFB n. 1.396, de 2013, não detalha o que pode vir a encetar essa modificação. Contudo, tem-se alguma doutrina que adentra o assunto.

Existem duas situações diferentes de relevância para a eficácia de uma consulta tributária. Na primeira, afeta-se apenas o ato de aplicação, por considerar que esse está amparado em uma interpretação ilegal – que foi produzida em face do poder regulamentador da Administração Pública. Na segunda, é sindicada a legalidade da norma.[174] Aqui, nessa segunda situação, tem-se, por exemplo, a incidência de uma sentença sobre determinado preceito básico para que a Administração responda a uma consulta tributária, elaborando ou unificando critérios, caso em que se pode considerar como tendo ocorrido uma modificação legislativa.[175]

Tendo desaparecido o suporte normativo que serviu de fundamento para que a Administração Tributária elaborasse uma interpretação e unificasse um critério administrativo, ou o critério administrativo encontra amparo em outra norma ou, ao carecer de cobertura jurídica, perde eficácia a consulta.[176]

Percebe-se que a vinculação da Administração à consulta não tem um caráter absoluto, nem supõe engessamento das situações jurídicas subjetivas. Existem remédios jurídicos suficientes para garantir a submissão à legalidade de suas atuações nesta matéria,[177] é sempre possível a publicação de um ato interpretativo ou de um parecer normativo que retifique o entendimento do órgão com relação à interpretação dada. Schoueri vai um pouco além e reclama que a segurança jurídica deve andar juntamente com a justiça tributária, de modo que somente o atendimento de um desses princípios não satisfaz o ordenamento jurídico.[178] O autor revela que,

---

São Paulo: Livraria do Advogado, 2014, p. 292-293.
[174] GOMES, Marcus Lívio. *A interpretação da legislação tributária*: instrumentos para a unificação de critério administrativo em matéria tributária. São Paulo: Quartier Latin, 2010, p. 138.
[175] GOMES, Marcus Lívio. *A interpretação da legislação tributária*: instrumentos para a unificação de critério administrativo em matéria tributária. São Paulo: Quartier Latin, 2010, p. 138.
[176] GOMES, Marcus Lívio. *A interpretação da legislação tributária*: instrumentos para a unificação de critério administrativo em matéria tributária. São Paulo: Quartier Latin, 2010, p. 138.
[177] SCHOUERI, Luís Eduardo. Algumas reflexões sobre a consulta em matéria fiscal. *Cadernos de Direito Tributário e Finanças Públicas*, v. 3, n. 10, p. 119-140, 1995, p. 129.
[178] SCHOUERI, Luís Eduardo. Algumas reflexões sobre a consulta em matéria fiscal. *Cadernos de Direito Tributário e Finanças Públicas*, v. 3, n. 10, p. 119-140, 1995, p. 129.

em alguns momentos, deve-se deixar de aplicar a Solução de Consulta para que prevaleça a justiça tributária ao caso. Marcus Livio Gomes dá uma resposta menos radical. Na sua visão, quando a Solução de Consulta for contrária ao ordenamento jurídico, existe um conflito aparente entre dois princípios constitucionais, o princípio da legalidade e o princípio da segurança jurídica. O princípio que deve prevalecer é o da segurança jurídica. Nessa linha, embora seja antijurídico, o critério administrativo elaborado deve vincular a Administração Tributária até sua modificação ou a supressão do ordenamento jurídico.[179] O último autor é mais coerente com o nosso ordenamento jurídico, visto que, por serem atos administrativos, as Soluções de Consulta se beneficiam da presunção de validade (ou de legalidade ou de legitimidade, segundo a variada terminologia utilizada pela doutrina e pela jurisprudência). Assim, serão válidas enquanto não seja declarado o contrário por um órgão competente.[180]

A presunção de validade proporciona às respostas da Administração dadas na consulta tributária efeitos, com a vinculação da própria Administração ao sentido da resposta, desde o momento da sua emissão e enquanto não for declarada a sua desconformidade para com o direito. Em consequência, as soluções de consulta tributária que sejam antijurídicas serão vinculantes para os órgãos de gestão até que se declare a sua invalidez.[181]

Quando se apresentar uma controvérsia, tendo em vista o caráter vinculado de uma Solução de Consulta, deve restar claro que a Administração estabeleceu um critério ou orientação ao contribuinte do modo que entende correto para o cumprimento de um dever legal, não podendo desconhecer e contrariar suas próprias razões.[182]

2.2.2.1.2. A não vinculação como principal efeito para o consulente

Como visto, as Soluções de Consulta somente vinculam o consulente em face do caso concreto. Nos demais casos, o consulente poderá ou não se

---

[179] GOMES, Marcus Lívio. *A interpretação da legislação tributária*: instrumentos para a unificação de critério administrativo em matéria tributária. São Paulo: Quartier Latin, 2010, p. 139.

[180] MARTÍNEZ, Francisco Adame. Naturaleza jurídica y efectos de las contestaciones a consultas tributarias. *Documentos-Instituto de Estudios Fiscales*, n. 28, p. 1-40, 2005, p. 11-12.

[181] MARTÍNEZ, Francisco Adame. Naturaleza jurídica y efectos de las contestaciones a consultas tributarias. *Documentos-Instituto de Estudios Fiscales*, n. 28, p. 1-40, 2005, p. 12.

[182] ELIZALDE, MAURICIO MARÍN. ¿Los conceptos proferidos por la administración generan responsabilidad para el estado? *Revista de Derecho Fiscal*, 2008, p. 135.

ajustar, em sua atuação, ao critério reconhecido na solução. É de se esperar que o consultante invoque o critério reconhecido na solução quando fiscalmente lhe interesse a interpretação que tenha feito a Administração, porque, ao ser vinculante a solução, tem-se a segurança de que a Administração tem o dever de atuar no sentido manifestado. Por outro lado, se tal interpretação não lhe for favorável, o normal será que não se siga o critério da Administração.[183]

José Osvaldo Cásas entende que se deveria dar o caráter vinculante também para o contribuinte, mas com um mecanismo de recorribilidade da consulta. Para o autor, deveria existir a possibilidade de consultar com a possibilidade de recorrer judicialmente da consulta.[184] Assim, se houvesse a possibilidade de se contestar diretamente no Judiciário essa solução, nos casos em que o contribuinte não se insurgisse, haveria um consentimento tácito com relação à interpretação dada à legislação tributária, de modo que, nesses casos, se poderia falar em uma vinculação do contribuinte ao que se fixou na Solução de Consulta. Em prejuízo à ideia, não se entende hoje pela possibilidade de se recorrer judicialmente da consulta. A Solução de Consulta tributária é recorrível somente no momento da aplicação, quando o contribuinte contesta judicialmente o auto de infração lavrado.

2.2.2.2. Impossibilidade de se recorrer em face das Soluções de Consulta Tributária

As Soluções de Consulta são irrecorríveis. Algum desavisado, lendo o artigo 19 da In RFB n. 1.396, de 2013,[185] pode entender pela possibilidade de um recurso. Na verdade, o que se tem ali não se pode chamar de um recurso propriamente dito, pois, primeiro, a autoridade decisória é a mesma que analisará o pedido de revisão e, segundo, o seu objeto só pode ser a existência de Soluções de Consulta conflitantes. Daí que, em verdade, o consulente não pode se insurgir em relação aos termos de uma solução dada. A sua insurgência deve ser com relação ao fato de existirem inter-

---

[183] MARTÍNEZ, Francisco Adame. Naturaleza jurídica y efectos de las contestaciones a consultas tributarias. *Documentos-Instituto de Estudios Fiscales*, n. 28, p. 1-40, 2005, p. 22.
[184] CASÁS, José Osvaldo. A concorrência tributária sob o ângulo da administração. *Revista Internacional de Direito Tributário*, Belo Horizonte, v. 4, p. 159-192, jul./dez. 2005, p. 188.
[185] IN RFB 1.396, de 16 de setembro de 2013. Art. 19. Havendo divergência de conclusões entre Soluções de Consulta relativas à mesma matéria, fundadas em idêntica norma jurídica, caberá recurso especial, sem efeito suspensivo, para a Cosit.

pretações divergentes no âmbito da Receita Federal do Brasil, fazendo-se problemática a aplicação do preceito normativo em disputa.

Dessa forma, o § 3º do art. 48 da Lei n. 9.430/96, combinado como o seu *caput*, torna inaplicáveis, no âmbito da Secretaria da Receita Federal, os arts. 56 a 58 do Decreto n. 70.235/72,[186] não havendo mais possibilidade de recurso da *solução de consulta*, salvo quando houver diferença entre as conclusões a respeito de uma mesma matéria, hipótese em que se aplica a norma excepcional do §5º,[187] no qual se dispõe que, "*havendo diferença de conclusões entre soluções de consultas relativas a uma mesma matéria, fundada em idêntica norma jurídica, cabe recurso especial, sem efeito suspensivo*".

A questão da irrecorribilidade na doutrina é bastante discutida. Francisco Adame Martinez entende que as Soluções de Consulta são atos de trâmite, distintos dos atos definitivos ou resolutórios de um procedimento. Os atos de trâmite são irrecorríveis, exceto quando decidirem sobre o fundo do assunto, qual seja, se puserem termo ao procedimento ou o suspenderem ou, ainda, tornarem impossível sua continuação. Isso é assim, porque os atos se ditam no seio de um procedimento que culmina com uma resolução final, que é a que realmente decide o fundo da questão proposta.[188]

Nesse sentido, a regra de irrecorribilidade dos atos de trâmite é apenas uma regra de ordem. Efetivamente, tal regra não implica que os atos de trâmite não sejam impugnáveis ou que constituam uma sorte de domínio soberano da Administração não fiscalizável em via de recurso. Significa apenas que os atos de trâmite não são impugnáveis separadamente, tem-se que esperar, pois, que produzam todo o procedimento administrativo para, por meio da sua impugnação, poder-se postular todas as discrepâncias que, no caso, possam ter ocorrido.[189]

---

[186] Decreto n. 70.235, de 6 de março de 1972. Art. 56. Cabe recurso voluntário, com efeito suspensivo, de decisão de primeira instância, dentro de trinta dias contados da ciência. Art. 57. A autoridade de primeira instância recorrerá de ofício de decisão favorável ao consulente. Art. 58. Não cabe pedido de reconsideração de decisão proferida em processo de consulta, inclusive da que declarar a sua ineficácia.

[187] PAULSEN, Leandro; ÁVILA, René Bergmann; SKUWJA, Ingrid Schroder. *Direito processual tributário*: processo administrativo fiscal e execução fiscal à luz da doutrina e da jurisprudência. São Paulo: Livraria do Advogado, 2014, p. 289.

[188] MARTÍNEZ, Francisco Adame. Naturaleza jurídica y efectos de las contestaciones a consultas tributarias. *Documentos-Instituto de Estudios Fiscales*, n. 28, p. 1-40, 2005, p. 14.

[189] MARTÍNEZ, Francisco Adame. Naturaleza jurídica y efectos de las contestaciones a consultas tributarias. *Documentos-Instituto de Estudios Fiscales*, n. 28, p. 1-40, 2005, p. 14.

Por outro lado, Maria Begoña Villaverde Gómez prefere ver a Solução de Consulta como um ato que põe fim ao procedimento dentro do qual se emite, tratando-se, então, de um ato decisório cujo acesso à via de recurso não poderia ser negado. Situação que se faz mais patente se se afirma que a Administração somente pode revogar o ato de resolução de uma consulta tributária acudindo a uma nova norma, tendo em vista seus efeitos.[190]

O efeito suspensivo impediria a decisão recorrida de produzir efeitos imediatamente. Em virtude da sua ausência, o consulente deverá – salvo se optar pela via judicial – cumprir suas obrigações tributárias em conformidade com a decisão (solução) recorrida até sua eventual reforma. Nos termos do §11 do art. 48 da Lei n. 9.430/96, a solução da divergência produzirá efeitos somente a partir da sua ciência ou publicação na imprensa oficial.[191]

A impossibilidade de impugnar a resposta às consultas não dá ensejo a uma ausência de controle judicial sob os atos da administração, porquanto atuará sobre os atos administrativos ditados posteriormente na aplicação dos critérios manifestados na resposta. Estaríamos, então, diante de um controle judicial diferido ou postergado.[192]

Na doutrina colombiana, encontra-se indicação de que uma resposta a uma consulta tributária que seja contrária ao ordenamento jurídico deveria dar ensejo à responsabilização da Administração Pública. A declaração de responsabilidade do Estado estaria de acordo com os lineamentos marcados na Constituição Federal, tendo-se como fulcro o §6º do art. 37 e também os princípios constitucionais que englobam toda a atividade do Estado brasileiro – como os da boa-fé, da confiança legítima, da segurança jurídica, da legalidade administrativa, da igualdade, entre outros –, e ainda o dever de informação em um Estado Social de Direito.[193]

Por outro lado, Marcus Lívio Gomes vislumbra que as respostas às consultas tributárias contêm conceitos, opiniões ou posições jurídicas emiti-

---

[190] GÓMEZ, María Begoña Villaverde. Un supuesto de interpretación de las normas tributarias: los efectos jurídicos de las contestaciones a consultas. *Dereito – Revista xuridica da Universidade de Santiago de Compostela*, n. 1, p. 685-715, 2013, p. 708.

[191] PAULSEN, Leandro; ÁVILA, René Bergmann; SKUWJA, Ingrid Schroder. *Direito processual tributário*: processo administrativo fiscal e execução fiscal à luz da doutrina e da jurisprudência. São Paulo: Livraria do Advogado, 2014, p. 290.

[192] GOMES, Marcus Lívio. *A interpretação da legislação tributária*: instrumentos para a unificação de critério administrativo em matéria tributária. São Paulo: Quartier Latin, 2010, p. 125.

[193] ELIZALDE, MAURICIO MARÍN. ¿Los conceptos proferidos por la administración generan responsabilidad para el estado? *Revista de Derecho Fiscal*, 2008, p. 136.

das pela Administração sobre determinados assuntos. não sendo possível que tais respostas comprometam a responsabilidade da Administração a menos que se apresente uma evasiva ou negativa de respostas, situação que traria como consequência sanções disciplinares por incumprimento dos termos previstos pela lei para dar respostas às petições.[194] Parece ser mais de acordo com o nosso ordenamento o que professa Marcus Lívio Gomes: sendo a Solução de Consulta Tributária vinculante somente para a Administração Pública, não há razão para o contribuinte postular um prejuízo decorrente desses conceitos, opiniões ou posições jurídicas emitidas. Entendendo por outra solução jurídica, o contribuinte pode livremente aplicá-la e recorrer ao Judiciário em caso de uma fiscalização *in loco* lhe acarretar um enquadramento indesejado.

Nas palavras do próprio Marcus Lívio Gomes:

> A consulta é um procedimento específico de determinação certa de um fato tributário, em que a Administração fixa para si o critério invulnerável do tratamento fiscal do tal feito. O que não significa que ao consulente resta simplesmente acatar ao pronunciamento. Existem formas para que se insurja ao que foi estipulado em uma consulta[195].

2.2.3. Matérias sobre as quais se podem pleitear uma consulta

De acordo om o artigo 46 do Decreto n. 70.235/72, *"o sujeito passivo poderá formular consulta sobre dispositivos da legislação tributária aplicáveis a fato determinado".* Nesse sentido, o objeto da Solução de Consulta é qualquer aspecto da relação jurídico-tributária, material ou formal, *quaestio facti* ou *quaestio iuris*. Definitivamente, nenhum aspecto normativo está excluído do âmbito da interpretação administrativa.[196]

A interpretação feita no âmbito de um processo de consulta tributária cinge-se à interpretação da norma e da qualificação do fato que é descrito na consulta. Em uma Solução de Consulta Tributária, não se faz uma interpretação dos fatos, apesar de ser necessária a sua descrição para que

---

[194] MEDINA SALAZAR, Andrés. Competencia de la Dirección de Apoyo Fiscal del Ministerio de Hacienda y Crédito Público – DAF– y de las entidades territoriales para emitir doctrina tributaria. *Revista de Derecho Fiscal*, n. 4, 2011, p. 169.

[195] Diaz Vicente, Óscar. La consulta tributaria anticipada, en Boletín Informativo, Asociación Argentina de Estudios Fiscales (AAEF), Buenos Aires, abril de 2003, p. 2.

[196] GOMES, Marcus Lívio. *A interpretação da legislação tributária*: instrumentos para a unificação de critério administrativo em matéria tributária. São Paulo: Quartier Latin, 2010, p. 129.

se postule a resolução de uma consulta. A descrição fática será dada pelo consulente e, com base nela, será determinada a interpretação que vige no que concerne às normas aplicáveis. Dessa forma, as normas jurídicas são o principal foco do estudo da interpretação no Direito, por consequência no Direito Tributário, para a solução do caso concreto. Apesar de os fatos também serem interpretados, não são o objeto principal da hermenêutica clássica. A preocupação com os fatos dá fundamento para a interpretação a ser feita, mas ocorre em função da norma que sobre eles se cogita aplicar.[197]

Qualificar um fato como subsumido a uma determinada norma é interpretar. Em primeiro lugar, porque os fatos ingressam na órbita jurídica não em estado bruto, mas sob a forma de uma narrativa. Em seguida, porque um mesmo encadeamento narrativo pode ser interpretado de várias maneiras. Em terceiro lugar, porque um determinado fato pode ser concatenado de formas distintas. Por último, porque o significado desta regra não está nunca totalmente pré-constituído: toda regra apresenta uma "textura aberta" que a coloca sob a dependência do sentido que a ela será atribuído e das interpretações adotadas em casos semelhantes.[198]

Interessante notar o papel da Administração Tributária ao apontar qual a interpretação da norma deve ser aplicada ao caso concreto. Ao determinar a interpretação que deve se sobrepor no caso descrito, a Administração está decidindo também sobre o que é socialmente e juridicamente relevante. Nesse sentido, tem-se, na Solução de Consulta, uma relação de poder oculta. Escolher um, dentre outros significados, é exercer esse poder. São os critérios fixados pela hermenêutica jurídica que poderão limitar esse exercício.[199] O que releva sobremaneira o estudo de teorias como a de MacCormick, que se preocupam em estabelecer esses limites.

2.2.4. Órgãos competentes para responder as consultas

O juízo de admissibilidade de uma Solução de Consulta é feito pelas Regiões Fiscais, as quais podem declarar sua ineficácia (§1º do art. 7º da In RFB n. 1.396, de 2013), quando a consulta feita não apresentar os requisitos

---

[197] NETO, Celso de Barros Correia; MEIRA, Liziane Angelotti. MÉTODOS DE INTERPRETAÇÃO E DIREITO TRIBUTÁRIO. Nomos, v. 33, n. 2, 2013, p. 56.
[198] RABENHORST, Eduardo Ramalho. A interpretação dos fatos no direito. *Prima Facie-Direito, História e Política*, v. 2, n. 2, p. 1-11, 2003, p. 16.
[199] NETO, Celso de Barros Correia; MEIRA, Liziane Angelotti. MÉTODOS DE INTERPRETAÇÃO E DIREITO TRIBUTÁRIO. Nomos, v. 33, n. 2, 2013, p. 56.

legais; solucionar a consulta por meio de uma Solução de Consulta Vinculada (art. 22 da In RFB n. 1.396, de 2013), quando já houver uma Solução de Consulta Cosit ou uma Solução de Divergência com o mesmo objeto; ou preparar uma minuta de solução para enviar a Coordenação-Geral de Tributação (Cosit), que deverá decidir pela sua publicação como Solução de Consulta Cosit (art. 7º da In RFB n. 1.396, de 2013).

Anteriormente à publicação da IN RFB n. 1.396, de 2013, a Solução de Consulta cabia à Cosit somente quando formulada por órgão central da Administração Federal ou por entidade representativa de categoria econômica ou profissional de âmbito nacional, em nome de seus associados e sobre preços de transferência, em acordo com o art. 10 da IN RFB n. 740, de 2 de maio de 2007, revogada pela IN RFB n. 1.396, de 2013. Fazia-se então uma crítica na doutrina, porquanto a atribuição da competência para responder às consultas tributárias deveria corresponder aos órgãos centrais, pois essa seria a melhor forma de assegurar a unidade de critério.[200]

Em sentido oposto, quando a atribuição de resposta às consultas é de um órgão central, por restar fora do âmbito da aplicação tributária, as dúvidas que pudessem surgir na aplicação dos tributos não deveriam ser submetidas exclusivamente por intermédio dos obrigados tributários, individual ou conjuntamente, mas também por órgãos aplicadores, que são os mais aptos para identificar os conflitos em potencial que necessitem de uma intervenção rápida, coordenada e unificada por parte do órgão central.[201]

Tentando conciliar todas as críticas, o novo modelo implantado com a IN RFB n. 1.396, de 2013, reúne a função de emitir interpretações oficiais sob a forma de disposições de caráter geral, configurada como o conteúdo material de uma competência em seu sentido técnico jurídico, em um único órgão, a Coordenação-Geral de Tributação (Cosit), que – em caráter irrenunciável e exclusivo – assumiu a função como própria. Só assim, pode se alcançar, de uma vez por todas, a centralização das interpretações, que garanta a aplicação uniforme das normas tributárias em benefício de certa segurança jurídica, erradicando-se a ideia errônea – da qual, contudo, participam os operadores jurídicos situados na organização admi-

---

[200] GOMES, Marcus Lívio. *A interpretação da legislação tributária*: instrumentos para a unificação de critério administrativo em matéria tributária. São Paulo: Quartier Latin, 2010, p. 143.
[201] GOMES, Marcus Lívio. *A interpretação da legislação tributária*: instrumentos para a unificação de critério administrativo em matéria tributária. São Paulo: Quartier Latin, 2010, p. 128.

nistrativa – em virtude da qual a "função autônoma de interpretação" não é mais que uma simples emanação da potestade hierárquica da que está investido qualquer órgão diretivo da Administração. Esse entendimento provoca maior incerteza ao multiplicar o número de disposições interpretativas, para as quais a regra não é a publicação nos meios de difusão adequados.[202]

Outra inovação que veio com a publicação da In RFB n. 1.396, de 2013, foi a participação das Regiões Fiscais na confecção das Soluções de Consulta. O juízo de admissibilidade, inclusive com a emissão de um parecer prévio com sugestão de resolução para a consulta, traz para a Solução de Consulta a realidade dos aplicadores da lei, fazendo com que a Solução de Consulta, além contar com uma aplicação uniforme, considere a *práxis* fiscalizatória na deliberação da melhor interpretação da norma ao caso concreto.

2.2.5. Elementos formais para a formulação de uma consulta
2.2.5.1. Requisitos e prazos para a formulação de consultas

Os requisitos para a formulação de consultas se encontram no artigo 3º da In RFB n. 1.396, de 2013, sendo que esta deve ser feita por meio da entrega de um formulário ou por meio eletrônico, mediante uso de certificado digital. A consulta deverá conter: I) identificação do consulente; II) declaração de que não se encontra sob procedimento fiscal iniciado ou já instaurado para apurar fatos que se relacionem com a matéria objeto da consulta; III) declaração de que não está intimado a cumprir obrigação relativa ao fato objeto da consulta; IV) declaração de que o fato nela exposto não foi objeto de decisão anterior, ainda não modificada, proferida em consulta ou litígio em que foi parte o consulente; V) descrição do fato determinado ao qual se circunscreve, do seu objeto e das informações necessárias à elucidação da matéria; e, VI) indicação dos dispositivos da legislação tributária que ensejaram a apresentação da consulta, bem como dos fatos a que será aplicada a interpretação solicitada.

A formulação da consulta tributária deverá ser feita antes do prazo para recolhimento do tributo a fim de não haver aplicação de multas nem juros

---

[202] CALLE, Enrique Ortiz. La distribución de competencias interpretativas de la administración tributaria del Estado en la nueva ley general tributaria. In:Estudios en homenaje al profesor Pérez de Ayala. Dykinson, 2007. p. 363-382, p. 380.

de mora. Sendo que, depois de um lançamento, não há mais como se formular uma consulta tributária.[203]

As Soluções de Consulta deverão ser publicadas no Diário da União para que se dê conhecimento a todos os contribuintes acerca do entendimento da Administração sobre a aplicação de normas tributárias, bem como para possibilitar-lhes a interposição do recurso especial previsto no §5º do art. 48 da Lei n. 9.430/96, que, como já discutido, não se trata propriamente de um recurso.[204] O art. 9º da In RFB n. 1.396, de 2013, reclama a publicação para que seja dado o efeito vinculante da Solução de Consulta no âmbito da RFB.

2.2.5.2. Procedimentos de tramitação das consultas

O procedimento de tramitação das consultas se inicia com a sua formulação pelo consulente. Em seguida, será realizado o juízo de admissibilidade pelas Regiões Fiscais, na figura da Divisão de Tributação das Superintendências Regionais da Receita Federal do Brasil (Disit). O juízo de admissibilidade poderá acarretar a ineficácia da consulta, quando não observar os requisitos; a Solução de Consulta Vinculada, quando existir Solução de Consulta Cosit ou Solução de Divergência, com mesmo objeto; ou um parecer com sugestão de Solução de Consulta para a Coordenação-Geral de Tributação (Cosit). No caso do parecer com sugestão, a Cosit pode simplesmente acatá-lo ou formular uma Solução de Consulta própria, quando entender mais conveniente outra interpretação que a apontada pela Disit.

Importante ressaltar que o procedimento administrativo cumpre a função de segurança jurídica. As normas que lhe dão suporte devem ser cumpridas pelo ente público, sob pena de que suas atuações transgridam a ordem legal ou lesionem direitos legítimos do particular.[205]

---

[203] GOMES, Marcus Lívio. *A interpretação da legislação tributária*: instrumentos para a unificação de critério administrativo em matéria tributária. São Paulo: Quartier Latin, 2010, p. 142.
[204] PAULSEN, Leandro; ÁVILA, René Bergmann; SKUWJA, Ingrid Schroder. *Direito processual tributário*: processo administrativo fiscal e execução fiscal à luz da doutrina e da jurisprudência. São Paulo: Livraria do Advogado, 2014, p. 290.
[205] VERA, Coronado; RAQUEL, María. *La consulta fiscal y su relación con la seguridad jurídica del administrado*. 2004. Tese de Doutorado. Universidad Autónoma de Nuevo León, p. 6.

2.2.6. Consequências da falta de resposta a uma consulta

Já foi defendido, em momento anterior, que a falta de resposta a uma consulta tributária deveria acarretar sanções disciplinares ao responsável. Contudo, no contexto atual, essas sanções são praticamente impossíveis de serem cominadas. Apesar de o §15 do art. 48 da Lei 9.430/96 dispor que o Poder Executivo deverá regulamentar o prazo para que as Soluções de Consulta sejam resolvidas, esse prazo nunca foi fixado, tornando desmedida a prescrição de penalidade para o atraso na confecção de um ato para o qual a legislação não prescreve termo.

2.3. A natureza jurídica da consulta tributária

A consulta representa um verdadeiro direito subjetivo sustentado no interesse legítimo de que a Administração, ao efetuar uma determinação tributária, respeite seus pronunciamentos contidos em uma Solução de Consulta. Nesse sentido, a consulta é juridicamente diferente do direito de informação, tendo em vista que, para este, não existe um interesse concreto, sendo que o contribuinte pode somente aspirar por conhecer, de modo generalizado, as normas e o tratamento tributário.[206]

Existe doutrina que entende a consulta tributária como estando inserida, na maior parte dos casos, no âmbito constitucional do consagrado "direito de petição", em virtude do qual as autoridades estão obrigadas a responder as petições que sejam formuladas em prazo adequado.[207]

Os que refutam essa natureza de "direito de petição" reclamam ser a consulta um direito de âmbito puramente normativo, previsto no ordenamento mais como um instrumento de assistência e informação aos cidadãos no cumprimento de suas obrigações tributárias. A crítica se fundamenta no fato de o direito de petição ser um direito fundamental, que permite ao cidadão dirigir-se ao poder estabelecido para pedir coisas às quais não tem direito estrito.[208] Trata-se de um direito de pedir, mas não um direito de obter o que se pede. Se efetivamente se tem direito ao que se pede,

---

[206] Diaz Vicente, Óscar. La consulta tributaria antecipada, en Boletín Informativo, Asociación Argentina de Estudios Fiscales (AAEF), Buenos Aires, abril de 2003, p. 2.
[207] Diaz Vicente, Óscar. La consulta tributaria antecipada, en Boletín Informativo, Asociación Argentina de Estudios Fiscales (AAEF), Buenos Aires, abril de 2003, p. 1.
[208] MARTÍNEZ, Francisco Adame. Naturaleza jurídica y efectos de las contestaciones a consultas tributarias. *Documentos-Instituto de Estudios Fiscales*, n. 28, p. 1-40, 2005, p. 7.

então não se estará ante um suposto exercício do direito de petição reconhecido constitucionalmente.[209]

Existem ainda outros argumentos que desprezam a natureza de "direito de petição" da consulta tributária. O raciocínio parte da caracterização do que são as distintas formas de exercício desse direito. Assim, as normas reguladoras do direito de petição contemplam até quatro formas distintas de exercício do direito: em primeiro lugar, petições que requerem dos poderes públicos um ato de graça; em segundo lugar, petições que solicitam a promulgação de novas normas; em terceiro lugar, petições que se referem à melhoria de serviços; e, por último, as que se referem às irregularidades administrativas.[210] O direito de consulta não se encaixaria em nenhuma dessas quatro formas distintas de exercício. Quando se formula uma consulta, não se aspira obter dos poderes públicos um ato de graça, nem solicitar a promulgação de algum tipo de norma. Além disso, quem pergunta a respeito de uma dúvida tributária, utilizando-se do mecanismo de consulta tributária, não está efetuando um tipo de petição relativa à melhora de um serviço público, pois a única coisa que se está solicitando é que a Administração esclareça um ponto do Sistema Tributário que lhe afeta de maneira concreta e cuja resposta, para a pessoa, é obscura.[211]

Há de se concordar com a doutrina que não considera a consulta tributária como não estando inserida no âmbito constitucional do "direito de petição". Ao responder uma consulta, a Administração Tributária está exercendo uma potestade relativa a sua autorregulação. Quando responde a um direito de petição, a Administração não exerce poder normativo, simplesmente responde a uma demanda do cidadão, o que denota o caráter diferenciado dos dois institutos.

Caminhando mais um pouco, esclarece-se que a interpretação prestada pela Administração não configura, a princípio, uma decisão administrativa, pois não são declarações orientadas a implantar efeitos jurídicos no

---

[209] MARTÍNEZ, Francisco Adame. Régimen jurídico de las consultas tributarias en derecho español y comparado. Documentos-Instituto de Estudios Fiscales, n. 21, p. 1-44, 2001, p. 8.
[210] MARTÍNEZ, Francisco Adame. Régimen jurídico de las consultas tributarias en derecho español y comparado. Documentos-Instituto de Estudios Fiscales, n. 21, p. 1-44, 2001, p. 8.
[211] MARTÍNEZ, Francisco Adame. Régimen jurídico de las consultas tributarias en derecho español y comparado. Documentos-Instituto de Estudios Fiscales, n. 21, p. 1-44, 2001, p. 8.

sentido de impor obrigações e gerar direitos aos administrados. O que se tem é um efeito autorregulador da atividade administrativa.[212]

Alguns autores entendem que o direito à consulta está baseado no vínculo hierárquico entre a autoridade responsável pela resposta à consulta e os auditores responsáveis por aplicar a norma.[213] Assim, o vínculo hierárquico seria égide à resposta a uma consulta tributária, sendo que as disposições interpretativas não têm por escopo ditar regras de Direito novas, mas tão somente aclarar, a quem há de aplicar as normas, a maneira como deve entender as disposições de uma Lei ou de um Regulamento e, por conseguinte, executá-las. Nesses casos, não existe uma verdadeira ou autêntica interpretação, já que esta somente ocorre quando é o próprio legislador quem a leva a cabo, mediante uma norma posterior que aclara o sentido de outra precedente ou no próprio texto legal, definindo ou aclarando o sentido dos termos empregados. A disposição interpretativa, para esses autores, possui um valor autorizado, mas sua eficácia vinculante está limitada aos órgãos e pessoas hierarquicamente subordinados ao autor da disposição interpretativa.[214] No caso da Receita Federal do Brasil (RFB), conforme já visto, esta não é a realidade. O que se tem é um órgão técnico especializado com atribuição para exarar as Soluções de Consulta com caráter vinculante. Se o objetivo estivesse no vínculo hierárquico, a Solução de Consulta teria de ser assinada pelo Ministro da Fazenda ou pelo Secretário da Receita Federal do Brasil (autoridades maiores na hierarquia, com relação às quais nenhum servidor da RFB pode contestar).

Defender a natureza de ato administrativo da consulta tributária é um pouco mais simples. Primeiro porque, sendo a consulta tributária um ato de procedência de um órgão da Administração, constituindo-se a Solução de Consulta em ato juridicamente imputável a este órgão, resta claro sua condição de ato advindo dessa Administração, ato administrativo por assim dizer.[215]

---

[212] MEDINA SALAZAR, Andrés. Competencia de la Dirección de Apoyo Fiscal del Ministerio de Hacienda y Crédito Público – DAF– y de las entidades territoriales para emitir doctrina tributaria. *Revista de Derecho Fiscal*, n. 4, 2011, p. 170.

[213] MARTÍNEZ, Francisco Adame. Régimen jurídico de las consultas tributarias en derecho español y comparado. Documentos-Instituto de Estudios Fiscales, n. 21, p. 1-44, 2001, p. 10-11.

[214] MARTÍNEZ, Francisco Adame. Naturaleza jurídica y efectos de las contestaciones a consultas tributarias. *Documentos-Instituto de Estudios Fiscales*, n. 28, p. 1-40, 2005, p. 8.

[215] GÓMEZ, María Begoña Villaverde. Un supuesto de interpretación de las normas tributarias: los efectos jurídicos de las contestaciones a consultas. *Dereito – Revista xurídica da Universidade de Santiago de Compostela*, n. 1, p. 685-715, 2013, p. 706.

Apesar de facilmente se incluir a consulta tributária na categoria de ato administrativo, é interessante, em um segundo momento, tentar delimitar essa classificação pontuando a tipologia a que concerne a Solução de Consulta dentro das várias circunscritas no âmbito do ato administrativo. Assim, dando um passo a mais, seguindo definições estritas de ato administrativo, se reconhece a limitação de uma categoria normativa em que se subsume uma declaração de vontade. As Soluções de Consulta com eficácia vinculante contêm uma autêntica declaração de vontade da Administração Tributária, da qual derivam efeitos favoráveis ao consulente, com um correlativo dever para a Administração Tributária. Sendo assim, as resoluções das consultas tributárias constituem atos administrativos declarativos de direitos e finais de um procedimento. Dessa tipologia deriva a exigência de que seja aplicado o regime jurídico correspondente ao ato. Isto é, como se acaba de assinalar, quanto a seus efeitos, trata-se de um ato declarativo de direito ou favoráveis, visto que reconheça um direito a favor de seu destinatário.[216]

Além disso, as Soluções de Consulta reúnem as três notas essenciais que caracterizam os atos administrativos (são atos jurídicos, devem ser emitidos por um órgão da Administração Pública e devem ser consequência do exercício de uma potestade administrativa). Com relação à primeira das notas, tem-se que as Soluções de Consulta Tributária são declarações de juízo que sempre produzem efeitos jurídicos. Sendo o principal deles, no atual contexto legislativo, a vinculação para a Administração.[217] Facilmente se percebe que o segundo requisito é satisfeito, sendo a Administração Tributária um órgão da Administração Pública. Já se viu que a Solução de Consulta é o exercício de uma potestade da Administração Tributária, assim os três requisitos estão presentes.

Nas consultas, o órgão administrativo não efetua somente uma atividade administrativa de verificação interna do cumprimento das obrigações tributárias. Pelo contrário, realiza um ato de jurisdição que consiste em interpretar o direito, dado que a consulta expressa o direito aplicável ao caso na

---

[216] GÓMEZ, María Begoña Villaverde. Un supuesto de interpretación de las normas tributarias: los efectos jurídicos de las contestaciones a consultas. *Dereito – Revista xuridica da Universidade de Santiago de Compostela*, n. 1, p. 685-715, 2013, p. 706-707.
[217] MARTÍNEZ, Francisco Adame. Naturaleza jurídica y efectos de las contestaciones a consultas tributarias. *Documentos-Instituto de Estudios Fiscales*, n. 28, p. 1-40, 2005, p. 11.

acepção do Fisco.²¹⁸ De acordo com Hely Lopes Meireles, ato de jurisdição é o ato administrativo que decide sobre matéria controvertida.²¹⁹ Assim, a natureza da resposta representa um ato declaratório da Administração que tem por objeto a fixação de um critério técnico sobre a aplicação do direito a um caso controvertido. O ato de resposta, como consequência do efeito preclusivo do caráter vinculante, é, em si mesmo, um efeito jurídico.²²⁰

Tendo em vista que se trata de um ato jurisdicional de interpretação de uma norma, na resposta às consultas antecipadas, a Administração quando as exara, sempre deve estar regida em conformidade com o Direito, e não simplesmente com a lei. Assim, a Administração, no marco de seus deveres, está ligada imperativamente ao ordenamento constitucional.²²¹ Apesar de ser um ato jurisdicional e reclamar deferência à Constituição Federal, a Solução de Consulta é uma potestade administrativa e, de maneira alguma subsume, definitivamente, à potestade judicial.²²²

Convém sublinhar que, em face do efeito vinculante, os atos interpretativos de caráter geral têm identidade jurídica com as respostas às consultas particulares, tendo em conta que ambos contêm uma declaração expressa do organismo no exercício das faculdades de interpretação que lhes são próprias.²²³ Desse modo, são normas exaradas no âmbito do Poder Executivo com a finalidade de esclarecer ao público a forma de aplicação do Direito, sendo que tanto as disposições administrativas como as respostas a consultas tributárias constituem formas de exercício da potestade interpretativa da Administração.²²⁴

---

[218] Diaz Vicente, Óscar. La consulta tributaria antecipada, en Boletín Informativo, Asociación Argentina de Estudios Fiscales (AAEF), Buenos Aires, abril de 2003, p. 3.
[219] MEIRELLES, Hely Lopes. *Direito administrativo brasileiro*. 23. ed. atualizada por Eurico de Andrade Azevedo; Délcio Balestero Aleixo e José Emmanuel Burle Filho. São Paulo: Malheiros Editores, 1998, p. 157.
[220] Diaz Vicente, Óscar. La consulta tributaria antecipada, en Boletín Informativo, Asociación Argentina de Estudios Fiscales (AAEF), Buenos Aires, abril de 2003, p. 3.
[221] Diaz Vicente, Óscar. La consulta tributaria antecipada, en Boletín Informativo, Asociación Argentina de Estudios Fiscales (AAEF), Buenos Aires, abril de 2003, p. 10.
[222] Diaz Vicente, Óscar. La consulta tributaria antecipada, en Boletín Informativo, Asociación Argentina de Estudios Fiscales (AAEF), Buenos Aires, abril de 2003, p. 10.
[223] Diaz Vicente, Óscar. La consulta tributaria antecipada, en Boletín Informativo, Asociación Argentina de Estudios Fiscales (AAEF), Buenos Aires, abril de 2003, p. 3.
[224] MARTÍNEZ, Francisco Adame. Régimen jurídico de las consultas tributarias en derecho español y comparado. Documentos-Instituto de Estudios Fiscales, n. 21, p. 1-44, 2001, p. 9.

Delas se predica eficácia constitutiva, na medida em que podem estabelecer novas obrigações relativas aos membros de uma organização para os quais se dirigem, e também em relação às situações e às relações com terceiros, tendo em vista à vinculação no âmbito da Administração Tributária. A eficácia jurídica no âmbito externo é muito mais problemática, com efeito, mas não pode ser excluída *a priori,* pois, em certos casos, será essa a solução ajustada ao Direito por razão do princípio de vinculação aos atos próprios.[225] O contribuinte sabe da vinculação da Administração Tributária ao teor de uma Solução de Consulta, assim que, apesar de não estar obrigado ao conteúdo dessa norma, sabe que, na medida em que atue da forma disposta na Solução de Consulta, estará protegido de se ver enquadrado em uma interpretação divergente da norma pelos órgãos executores dessa Administração. Aí se encontra a eficácia externa da norma.

2.4. As decisões judiciais e as soluções de consulta

Neste tópico do Capítulo, depois de se ter caracterizado a consulta tributária, será demonstrada a relação existente entre a Solução de Consulta Tributária e os precedentes dos tribunais superiores no sistema *common law*. O objetivo é demonstrar que a Teoria de MacCormick pode ser utilizada na resolução de uma consulta tributária, porquanto existe uma conexão suficiente entre esta e os precedentes das altas Cortes. A existência dessa conexão denota a possibilidade de se adotar a Teoria de MacCormick no contexto da Solução de Consulta, tendo em vista a sua teoria ter sido construída sob o enfoque desses precedentes.

No Direito Tributário, como em todos os ramos do ordenamento jurídico, o processo de aplicação da norma inclui um momento em que se interpreta a norma jurídica. Quando se fala em norma jurídica, não se está fazendo alusão a um preceito ilhado e concreto que possibilite uma subsunção ou aplicação automática. O labor de aplicação da norma exige a interpretação de várias normas ou de um preceito com relação ao resto do ordenamento jurídico. Esta atividade de interpretação e integração é levada a cabo ao se dar resposta a uma consulta tributária.[226]

---

[225] CALLE, Enrique Ortiz. La distribución de competencias interpretativas de la administración tributaria del Estado en la nueva ley general tributaria. In:Estudios en homenaje al profesor Pérez de Ayala. Dykinson, 2007. p. 363-382, p. 369.

[226] GÓMEZ, María Begoña Villaverde. Un supuesto de interpretación de las normas tributarias: los efectos jurídicos de las contestaciones a consultas. *Dereito – Revista xuridica da Universidade de Santiago de Compostela*, n. 1, p. 685-715, 2013, p. 689.

A interpretação pode ser qualificada como uma operação jurídica básica que se agrega a uma atividade mais ampla de aplicar o Direito. Não é uma operação ou uma fase a mais da atividade aplicativa da norma. É o núcleo essencial que permite alcançar uma decisão a respeito de um fato gerador concreto pelo aplicador da norma, tal qual ocorre na Solução de Consulta Tributária.[227]

Assim, da análise do que é uma Solução de Consulta Tributária, pode-se afirmar que se trata de uma fase interpretativa da norma, pois a solução de uma consulta inclui uma interpretação, dado que consiste em um processo intelectual por meio do qual se averigua o sentido das normas com o fim de aplicá-las aos fatos concretos.[228]

A consulta tributária é sempre formulada em face da interpretação de uma norma tributária no que tange a um fato concreto, quando o fato não estiver disciplinado ou definido em disposição literal da lei (inciso VI do art. 52 do Decreto n. 70.235/72). Quer dizer, deve ser a interpretação de uma situação que não parta do sentido dito "óbvio" da norma, com a qual se solucionam a maior parte das questões. O "óbvio" aqui se relaciona com o acatamento social de um sentido da norma. Não quer dizer que esteja evidente no texto, nem que seja inquestionável a interpretação "óbvia", mas que a literalidade do sentido concretiza um significado em detrimento de outros possíveis.[229]

Aplicar o Direito consiste em enquadrar um caso concreto em uma norma jurídica adequada – o fato concreto descrito na consulta tributária, ajustado à legislação atinente destacada como aplicável ao caso. Logo, no processo de aplicação da legislação tributária, o administrador irá submeter às prescrições da norma uma relação da vida real, procurando e indicando o dispositivo adaptável a este fato concreto. O objeto da consulta tributária é, então, descobrir o modo e os meios de amparar juridicamente o interesse humano.[230]

---

[227] Gómez, María Begoña Villaverde. Un supuesto de interpretación de las normas tributarias: los efectos jurídicos de las contestaciones a consultas. *Dereito – Revista xuridica da Universidade de Santiago de Compostela*, n. 1, p. 685-715, 2013, p. 689.

[228] Gómez, María Begoña Villaverde. Un supuesto de interpretación de las normas tributarias: los efectos jurídicos de las contestaciones a consultas. *Dereito – Revista xuridica da Universidade de Santiago de Compostela*, n. 1, p. 685-715, 2013, p. 689-690.

[229] Neto, Celso de Barros Correia; Meira, Liziane Angelotti. MÉTODOS DE INTERPRETAÇÃO E DIREITO TRIBUTÁRIO. Nomos, v. 33, n. 2, 2013, p. 65.

[230] Maximiliano, Carlos. *Hermenêutica e aplicação do direito*. 20. ed. Rio de Janeiro: Forense, 2011, p. 5.

O que se conclui é que a Administração Tributária é responsável pela interpretação da legislação tributária, não sendo este um ato privativo de juristas. É um procedimento necessário e inevitável para que se consiga verificar se a legislação apontada se aplica ao fato concreto.[231] Bem assim, a solução de uma consulta é uma atividade de interpretação jurídica, como parte do processo de aplicação da norma aos fatos geradores.[232]

Para dar conta da interpretação desses textos normativos que não têm sentido "óbvio", deve-se partir de algumas premissas. Nessa perspectiva, sabe-se que norma jurídica é estrutura hipotético-condicional composta de antecedente (delineamento de um determinado fato), denominado hipótese, cuja efetiva ocorrência dá ensejo a uma consequência, que, invariavelmente, será uma relação jurídica que vinculará ou deixará de vincular dois ou mais sujeitos-de-direito,[233] no caso aqui se tem, de um lado, o contribuinte e, de outro, a Administração Tributária.

De acordo com Rodrigo Dalla Pria, existe uma natureza dual nessa estrutura:

> Esta estrutura possui natureza dual, podendo ser desmembrada em duas outras: a norma jurídica primária, que prevê o nascimento de uma relação jurídica de direito material, prescritiva de direitos e deveres entre os sujeitos que a integram; e a norma jurídica secundária, que surge do descumprimento da relação jurídica de direito material, sendo esta sua hipótese, dando oportunidade ao nascimento de outra relação jurídica, agora de natureza processual, cuja finalidade é dar cabo da conflitualidade verificada no âmbito substancial.[234]

Essas normas jurídicas primárias e secundárias, na condição de entidades pertencentes ao universo lógico, são construídas por meio da atividade cognitiva do operador do direito, sendo certo que a Solução de Consulta,

---

[231] NETO, Celso de Barros Correia; MEIRA, Liziane Angelotti. MÉTODOS DE INTERPRETAÇÃO E DIREITO TRIBUTÁRIO. Nomos, v. 33, n. 2, 2013, p. 58.
[232] GÓMEZ, María Begoña Villaverde. Un supuesto de interpretación de las normas tributarias: los efectos jurídicos de las contestaciones a consultas. *Dereito – Revista xuridica da Universidade de Santiago de Compostela*, n. 1, p. 685-715, 2013, p. 689.
[233] DALLA PRIA, Rodrigo. *O direito ao processo*: processo tributário analítico. São Paulo: Dialética, 2003, p. 9-42, p. 5.
[234] DALLA PRIA, Rodrigo. *O direito ao processo*: processo tributário analítico. São Paulo: Dialética, 2003, p. 9-42, p. 5.

como norma primária, é o produto dessa atividade cognitiva. O administrador tributário, ao debruçar-se sobre os textos das normas tributárias, veiculadas em leis, decretos, sentenças e regulamentos, em processo intelectual de abstração lógica, extrai os conteúdos normativos representados por aquela estrutura hipotético-condicional inicialmente descrita.[235]

Não há que se confundir, portanto, os enunciados jurídico-prescritivos constantes da legislação tributária com o produto do processo interpretativo a que estes são submetidos pelo administrador tributário, que é a norma jurídica.[236] Esse processo revela bem o caráter normativo da natureza jurídica da Solução de Consulta.

Rodrigo Dalla Pria segue na diferenciação entre os tipos de normas:

> Tomando como critério classificatório os elementos formadores da norma jurídica, i.e., antecedente e consequente normativos, teremos normas abstratas ou concretas (na perspectiva do antecedente) e gerais ou individuais (na perspectiva do consequente).[237]

> Será abstrata a norma cujo antecedente for composto por enunciados indicativos de eventos do mundo fenomênico, pressupondo a não-ocorrência dos últimos, e, por via de consequência, a não-incidência da norma. Por outro lado, teremos norma concreta quando o antecedente desta resultar de ato de aplicação de norma abstrata a fato efetivamente ocorrido no mundo real. Portanto, enquanto a primeira pressupõe a não-incidência, a segunda, ao contrário, pressupõe a incidência normativa.[238]

> A verificação da generalidade ou individualidade de uma determinada norma jurídica é verificada por meio da análise dos sujeitos que compõem a relação jurídica localizada em seu consequente. Se os sujeitos da relação forem indeterminados, teremos norma geral; se, porém, ambos os sujeitos ou, pelo menos um deles, estiver perfeitamente determinado, teremos norma individual.[239]

---

[235] DALLA PRIA, Rodrigo. *O direito ao processo*: processo tributário analítico. São Paulo: Dialética, 2003, p. 9-42, p. 6.
[236] DALLA PRIA, Rodrigo. *O direito ao processo*: processo tributário analítico. São Paulo: Dialética, 2003, p. 9-42, p. 6.
[237] DALLA PRIA, Rodrigo. *O direito ao processo*: processo tributário analítico. São Paulo: Dialética, 2003, p. 9-42, p. 7.
[238] DALLA PRIA, Rodrigo. *O direito ao processo*: processo tributário analítico. São Paulo: Dialética, 2003, p. 9-42, p. 7.
[239] DALLA PRIA, Rodrigo. *O direito ao processo*: processo tributário analítico. São Paulo: Dialética, 2003, p. 9-42, p. 7.

Esse último critério, em que se verifica a generalidade ou a individualidade de uma determinada norma jurídica, já é uma primeira característica que aproxima as normas exaradas em uma Solução de Consulta a um precedente de tribunal superior no sistema *common law*. Nos dois casos, tem-se a indeterminação dos sujeitos no seu consequente – a Solução de Consulta, tendo em vista a sua vinculação no âmbito da Administração Tributária; os precedentes de tribunal superior no sistema *common law*, diante da necessidade de respeito obrigatório dos órgãos judiciários de hierarquia inferior.

Para a interpretação do Direito, preconiza-se a aplicação de vários métodos distintos. Nenhum método se sobrepõe a outro como o único a ofertar uma interpretação verdadeiramente condizente com o ordenamento jurídico. Daí a dificuldade na escolha do método a ser utilizado. Inclusive, na interpretação do fato concreto, pode acontecer de o resultado da aplicação de métodos diversos oferecer soluções ou interpretações absolutamente contraditórias e igualmente válidas no que concerne ao ordenamento jurídico. Na argumentação, podem-se apresentar diversos métodos com o intuito de demonstrar o raciocínio sob os mais variados pontos de vista.[240] Assim, não existe um único método de interpretação do Direito adequado para a fundamentação de uma Solução de Consulta.

Um argumento jurídico racional, que se vale da lógica dedutiva, não é um argumento demonstrativo, que baste por si mesmo. Exceto em situações muito simples e incontestáveis, nas quais transparece o sentido "óbvio" da norma, pode-se recorrer a uma demonstração lógica da correição do resultado atingido à luz de uma incontestável premissa legal ou factual. O argumento jurídico, ao invés de demonstrativo, deve ser racionalmente persuasivo, recorrendo ao estudo da retórica.[241] No primeiro Capítulo, fez-se um estudo mais aprofundado da argumentação jurídica e do recurso à persuasão para o convencimento do auditório universal, de Chaïm Perelman.

A argumentação retórica deve servir como uma justificação que leve à universalização da decisão exarada em um tribunal superior ou por um

---

[240] NETO, Celso de Barros Correia; MEIRA, Liziane Angelotti. MÉTODOS DE INTERPRETAÇÃO E DIREITO TRIBUTÁRIO. Nomos, v. 33, n. 2, 2013, p. 79.
[241] MACCORMICK, Neil. *Rhetoric and the rule of law*: a theory of legal reasoning. Oxford University Press, 2005, p. 279.

órgão técnico especializado da Administração Tributária, responsável pela elaboração das Soluções de Consulta. A universalização não depende de nenhuma doutrina ou prática de precedentes. Ao contrário, a racionalidade do sistema de precedentes depende dessa propriedade fundamental da justificação normativa, em que qualquer moldura de justificativa é universalizável. Qualquer comprometimento com a imparcialidade entre diferentes indivíduos e casos diferentes implica que as razões do julgamento nesse caso sejam repetíveis em futuros julgamentos.[242] Desse raciocínio se infere que a universalização é uma premissa para que uma decisão seja vinculante, pois tão somente no caso em que se possam repetir, na decisão atinente a fatos concretos futuros, os argumentos jurídicos esposados na Solução de Consulta, é que essa pode falar em efeito vinculante.

Num sistema em que o *stare decisis* (ou a vinculação dos efeitos de uma decisão) é firmemente reconhecido, a universalização dos julgados dos tribunais (e das decisões em Solução de Consulta da Administração Tributária) é muito semelhante ao exercício de poderes delegados de elaboração de regulamentos por um organismo administrativo,[243] o que vai ao encontro da natureza jurídica de ato administrativo normativo da Solução de Consulta.

A questão a respeito do sistema *common law* é que ele trata os precedentes judiciais como "fontes do direito". Isso significa que regras de conduta geral e de responsabilidade civil estão supostamente implícitas nesses casos, embalados na opinião judicial pronunciada pelos juízes em suas decisões.[244] Da mesma forma que os precedentes judiciais no sistema *common law,* a Solução de Consulta também serve de "fonte de direito" para a Administração Tributária por conta da vinculação de seus efeitos.

A solução de uma consulta se encaixa na nota de uma decisão jurídica antecipada, uma prévia aplicação da norma, a qual estaria condicionada à efetiva realização do fato gerador ou da coincidência do já realizado com o descrito na norma. Dessa maneira, se o fato imponível ocorreu antes de a Administração ter dado resposta à consulta, esta solução poderia ser

---

[242] MACCORMICK, Neil. *Rhetoric and the rule of law*: a theory of legal reasoning. Oxford University Press, 2005, p. 72.

[243] LA HART Herbert. *O conceito de direito*. Tradução A. Ribeiro Mendes. v. 3. 3. ed. ampliada. Lisboa: Fundação Calouste Gulbenkian, 1994, p. 149.

[244] MACCORMICK, Neil. *Rhetoric and the rule of law*: a theory of legal reasoning. Oxford University Press, 2005, p. 44.

uma antecipação da resolução de um procedimento,²⁴⁵ servindo como uma "fonte de direito" para os órgãos aplicadores da legislação tributária.

Existem duas possibilidades de consulta tributária. A consulta antecipada – formulada em atenção a fatos que ainda não ocorreram – pode ser entendida como a antecipação de uma tutela jurisdicional, tendo um caráter preventivo. A consulta posterior – quando o nascimento de uma determinada obrigação tributária já ocorreu, mas ainda não haja nenhum procedimento fiscalizatório – não se trata de uma interpretação em abstrato ou preventiva com relação a um conflito nascido e afeta os direitos dotados de efetividade plena.²⁴⁶ Os dois tipos de solução têm caráter normativo quando seus efeitos são vinculantes no âmbito da Administração Tributária. Na consulta antecipada, o cunho regulatório aparece tanto para o fato descrito na consulta como para os fatos que concernem aos demais contribuintes. Na consulta posterior, a resolução de consulta tem cunho decisório para a situação apresentada, e regulatório para os fatos que concernem aos demais contribuintes.

Esse caráter normativo pode aparecer de maneiras distintas. A Solução de Consulta não necessariamente vai conter todos os aspectos concretos da aplicação da norma, que só poderão se expressar em um momento posterior, por meio do ato de aplicação dos critérios expressados na consulta. Mesmo porque, quase nunca, a consulta abarcará todos os aspectos que vão estar contidos na futura decisão administrativa tendo em vista o fato concreto, ainda que as dúvidas do consulente sejam atinentes a algum aspecto tangível de sua relação jurídico-tributária. Desse modo, é certo que o grau de especificação da resposta administrativa assinalará o nível de vinculação dos órgãos de aplicação dos tributos. Se o grau de especificação se refere a uma questão pontual, concreta, a solução não poderá limitar-se a indicar um critério de aplicação, mas dará uma solução particular que, seguramente, não admitirá uma diversidade de entendimentos. Em uma hipótese desse tipo, os órgãos de aplicação dos tributos deverão ajustar-se exatamente à solução dada, de tal modo que se haverá anteci-

---

²⁴⁵ GÓMEZ, María Begoña Villaverde. Un supuesto de interpretación de las normas tributarias: los efectos jurídicos de las contestaciones a consultas. *Dereito – Revista xuridica da Universidade de Santiago de Compostela*, n. 1, p. 685-715, 2013, p. 692.
²⁴⁶ GÓMEZ, María Begoña Villaverde. Un supuesto de interpretación de las normas tributarias: los efectos jurídicos de las contestaciones a consultas. *Dereito – Revista xuridica da Universidade de Santiago de Compostela*, n. 1, p. 685-715, 2013, p. 709.

pado, ainda que seja de maneira parcial, o conteúdo do ato de aplicação da norma tributária. Em outras hipóteses, em que a questão consultada não alcance tal grau de concreção, o campo de atuação que se cede aos órgãos de aplicação dos tributos pode ser mais amplo, deixando em suas mãos o passo final de determinação da norma.[247] O tipo de norma que será proferida na Solução de Consulta (se mais abstrata ou mais concreta) e a intensidade da discricionariedade cedida aos órgãos de aplicação dos tributos vão depender da justificação dada na fundamentação da Solução de Consulta.

De acordo com o inciso IV do §1º do art. 8º da In RFB n. 1.396, de 2013, a Solução de Consulta deve ser fundamentada, sob pena de nulidade. A Doutrina é unânime a respeito da fundamentação como pressuposto da validade dos atos administrativos – mormente as decisões.[248] O que se postula aqui, em face da Teoria de MacCormick, é que esse fundamento deve conter uma justificação que dê possibilidade para uma universalização da Solução de Consulta. Dessa forma, o raciocínio esposado poderá ser repetido pelos órgãos aplicadores da Administração Tributária, tornando realmente efetiva a vinculação determinada na In RFB n. 1.396, de 2013.

No sistema de precedentes, o raciocínio justificatório faz da opinião judicial uma norma, sendo que somente uma adequada teoria da justificação no direito pode dar vazão ao sistema de precedentes. Sabendo os tipos de razões justificáveis apropriados para uma decisão judicial é que podemos determinar os possíveis elementos dos precedentes judiciais.[249] O paralelo com a Solução de Consulta já foi feito, o que demonstra a importância da justificação também para que os efeitos vinculantes existam.

Conforme visto no primeiro Capítulo, a decisão tomada em uma solução deverá ser consistente e coerente com o ordenamento jurídico. O apelo a um argumento consequencialista só virá depois, se ainda assim não se tiver chegado a uma única resposta para a situação-problema apresentada. Esse

---

[247] GÓMEZ, María Begoña Villaverde. Un supuesto de interpretación de las normas tributarias: los efectos jurídicos de las contestaciones a consultas. *Dereito – Revista xuridica da Universidade de Santiago de Compostela*, n. 1, p. 685-715, 2013, p. 692-693.

[248] PAULSEN, Leandro; ÁVILA, René Bergmann; SKUWJA, Ingrid Schroder. *Direito processual tributário:* processo administrativo fiscal e execução fiscal à luz da doutrina e da jurisprudência. São Paulo: Livraria do Advogado, 2014, p. 288-289.

[249] MACCORMICK, Neil. *Rhetoric and the rule of law:* a theory of legal reasoning. Oxford University Press, 2005, p. 144.

argumento consequencialista retira seu apoio das consequências desejáveis pelo ordenamento jurídico, representado pelos princípios constitucionais.

O que é distintivo a respeito das decisões dos tribunais superiores em um dado sistema legal em que se exige a prática de seguir precedentes, ou quando uma lei determina esse respeito às decisões dos tribunais, é que a decisão universalizada torna-se um tipo de regra para todos os outros cidadãos. Ou ao menos uma regra que outros juízes deveriam seguir ou anular pela exceção quando conseguirem provar a diferença entre os casos.[250] No caso da Solução de Consulta Tributária, essa observância compulsória só ocorre perante a Administração Tributária.

Sabe-se que, tal e qual uma decisão que forma um precedente de um tribunal superior, a decisão de consulta tributária detém efeitos executivos que somente serão efetivados quando da ocorrência do ato posterior (no caso do precedente, quando do processo judicial posterior). Esses efeitos serão produzidos precisamente sobre o ato posterior, por restarem vinculados os órgãos aplicadores-executores desse procedimento subsequente.[251]

A peculiaridade deste ato administrativo é que não produz efeitos vinculantes sobre o consulente e, desse modo, a própria norma permite que uma das partes se separe legitimamente da "solução do conflito" dada pelo sujeito "capaz de decidir" sobre o problema formulado. Contudo, é interessante notar que, se o consulente aceita a solução, está-se diante de uma decisão com plenos efeitos.[252]

Existe uma relação muito clara entre princípios e normas. As regras relativamente detalhadas serão arbitrárias se não estiverem sob a égide de princípios mais gerais, que estão em menor número que as regras detalhadas, e em termos mais gerais.[253] Essa relação é importante quando se fala em termos de decisão judicial sob a forma de um precedente e de Solu-

---

[250] MACCORMICK, Neil. *Rhetoric and the rule of law*: a theory of legal reasoning. Oxford University Press, 2005, p. 103.
[251] GÓMEZ, María Begoña Villaverde. Un supuesto de interpretación de las normas tributarias: los efectos jurídicos de las contestaciones a consultas. *Dereito – Revista xuridica da Universidade de Santiago de Compostela*, n. 1, p. 685-715, 2013, p. 693.
[252] GÓMEZ, María Begoña Villaverde. Un supuesto de interpretación de las normas tributarias: los efectos jurídicos de las contestaciones a consultas. *Dereito – Revista xuridica da Universidade de Santiago de Compostela*, n. 1, p. 685-715, 2013, p. 694.
[253] MACCORMICK, Neil. *Rhetoric and the rule of law*: a theory of legal reasoning. Oxford University Press, 2005, p. 201.

ção de Consulta, porquanto, como já visto, são normas criadas em face do caso concreto.

Qualquer que seja o conteúdo de um sistema legal, é preferível que a aplicação e a interpretação do sistema sejam guiadas pela suposição de que suas provisões mais detalhadas são tratadas como se fossem derivadas de princípios gerais. Também deve ser suposto que os princípios em conjunto, tendo em conta as prioridades e os diferentes níveis de justificação, são capazes de serem vistos em conjunto como coerentes, em face de uma forma satisfatória de vida.[254] Sendo coerentes esses princípios, quando aplicados, não devem se contradizer.

Conforme já repisado, o responsável por exarar uma decisão jurídica deve avaliar as implicações de argumentos rivais que são contrapostos, tendo em mente a defesa dentro dos estreitos limites postos em um lado pelo requerimento à consistência e pelo outro lado pelos requerimentos negativos à coerência. Depois dessa defesa, pode ocorrer que a decisão mais moralmente sustentável não esteja determinada legalmente. Nesses casos, o decisor não pode optar por uma escolha puramente moral, os valores pelos quais as decisões arguíveis e suas consequências devem ser avaliadas são, por boas razões, valores legais.[255] No caso de um precedente, ter-se-á um juiz responsável. No entanto, no caso de uma Solução de Consulta, o responsável por se utilizar dos valores legais como última *ratio* será o Administrador Tributário.

Tanto a decisão em um precedente como a Solução de Consulta serão normas a serem utilizadas posteriormente, ou no âmbito do Poder Judiciário ou no âmbito da Administração Tributária. Assim que essa nova "regra do Direito" deve ser feita com suporte no ordenamento como um todo, porque totalmente coerente com o sistema e, portanto, dentro do presente enquadramento de referência. O argumento consequencialista permite que a norma, por estar sendo decidida sobre o guia do que parecem ser os mais relevantes princípios que podem ser construídos do direito estabelecido, atende a esse requisito de coerência com o sistema.[256]

---

[254] MACCORMICK, Neil. *Rhetoric and the rule of law*: a theory of legal reasoning. Oxford University Press, 2005, p. 202.
[255] MACCORMICK, Neil. *Rhetoric and the rule of law*: a theory of legal reasoning. Oxford University Press, 2005, p. 203.
[256] MACCORMICK, Neil. *Rhetoric and the rule of law*: a theory of legal reasoning. Oxford University Press, 2005, p. 204.

No cotidiano, a exclusão do que pode ser considerado irracional pode resolver bastante. Contudo, as instituições devem ser construídas, ou sustentadas para que evoluam com a história, para que resolvam questões em um nível de detalhe com um grau de clareza substancialmente maior que o raciocínio prático geral pode atingir.[257] A utilização dos princípios contribui para que essa evolução esteja sempre ocorrendo, porquanto um princípio, mesmo que legal, traz uma carga moral e cultural muito forte.

Nesse sentido, o ponto atinente ao direito e ao raciocínio jurídico é fazer as coisas mais determinadas do que a ideia geral de razoabilidade, a qual ainda deixa um elevado grau de indeterminação. O desenvolvimento de regras e princípios ao longo do tempo dá raízes às decisões e aos argumentos. O Direito, quando seu desenvolvimento o torna mais concreto, mais exato, mais capaz de lidar com questões mais e mais específicas deve ser desenvolvido a partir de um raciocínio prático, com argumentos racionais.[258] A isso se propõem os argumentos consequencialistas na Teoria de MacCormick.

Os problemas que chegam ao juiz, como aqueles resolvidos em um processo de consulta tributária, se definem por terem mais de uma solução possível – os que concernem ao Judiciário, tendo em vista partes contrapostas; os que se referem ao processo de consulta, tendo em vista o requisito legal da complexidade da matéria apresentada. Logo, o que é certo em um tempo pode não ser a solução mais acertada em outro. O fato de que a finalidade jurídica impõe um fechamento para o propósito da prática jurídica em tal processo de decisão não pode ser afastado de um futuro questionamento no que concerne à razão crítica.[259] Ao se utilizarem dos valores legais da sociedade, em uma argumentação consequencialista, os precedentes e a Solução de Consulta possibilitam essa evolução das normas, sem que seja necessário se apelar a um processo legislativo para regrar cada possibilidade de evento.

---

[257] MACCORMICK, Neil. *Rhetoric and the rule of law*: a theory of legal reasoning. Oxford University Press, 2005, p. 278.
[258] MACCORMICK, Neil. *Rhetoric and the rule of law*: a theory of legal reasoning. Oxford University Press, 2005, p. 279.
[259] MACCORMICK, Neil. *Rhetoric and the rule of law*: a theory of legal reasoning. Oxford University Press, 2005, p. 279.

3
Uma Argumentação Consequencialista na Decisão de Solução de Consulta

A consulta tributária, como já visto, é uma interpretação da legislação tributária feita pela própria Administração Tributária. Antes da IN SRF 1.396, de 16 de setembro de 2013, a Solução de Consulta (SC) exarada valia tão somente para o consulente em face da situação apresentada. Atualmente, a sua natureza foi modificada e a SC passou a vincular todos os órgãos da Receita Federal do Brasil (RFB). Nos moldes anteriores à IN SRF 1.396/2013, a SC podia ser comparada a uma decisão de um Juízo de primeiro grau, pois somente o próprio consulente poderia utilizá-la para que o entendimento fosse aplicado no que concerne à interpretação do ato normativo. Era comum que a mesma situação desse ensejo a diversos comportamentos distintos por parte da Administração Tributária. Cada Auditor Fiscal da RFB (AFRFB) detinha competência para interpretar a legislação. No final das contas, a uniformização do entendimento só ocorria se o contribuinte conseguisse uma Solução de Consulta favorável, e essa uniformização só valeria para ele.

Atualmente, houve uma completa mudança na forma de agir da Administração Tributária. Em nome da segurança jurídica, uma SC exarada pelo Coordenador-Geral da Coordenação Geral de Tributação (Cosit) vale para toda a RFB e deve ser seguida em qualquer caso.[260] A Cosit é o órgão da

---

[260] IN SRF 1.396, de 16 de setembro de 2013. Art. 9º A Solução de Consulta Cosit e a Solução de Divergência, a partir da data de sua publicação, têm efeito vinculante no âmbito da RFB, respaldam o sujeito passivo que as aplicar, independentemente de ser o consulente, desde que se enquadre na hipótese por elas abrangida, sem prejuízo de que a autoridade fiscal, em procedimento de fiscalização, verifique seu efetivo enquadramento.

RFB competente para gerenciar a elaboração, o aperfeiçoamento, a regulamentação, a consolidação, a simplificação e a disseminação da legislação tributária.[261] No entanto, é o Coordenador-Geral da Cosit o incumbido de dirimir dúvidas quanto à legislação tributária.[262]

Nesse sentido, a Solução de Consulta (SC) não se compara mais com uma decisão de primeiro grau na Justiça, mas, com as devidas proporções, a um precedente de uma Suprema Corte (nos países em que é adotado, o precedente deve ser seguido pelos órgãos inferiores do Poder Judiciário quando se repetirem as mesmas circunstâncias de fato). Dentro da Receita Federal do Brasil (RFB), a decisão da SC deve ser seguida por todos os Auditores-fiscais, que devem sempre proceder nos moldes das diretrizes traçadas na SC. O contribuinte passou a saber exatamente o que esperar quando ocorre a situação de fato que deu ensejo à solução de uma consulta tributária. Nesses casos, a interpretação a ser dada à legislação só pode ser uma, aquela determinada pelo Coordenador-Geral da Cosit.

Interessante notar que a vinculação se refere tão somente a RFB, o que importa dizer que nem o contribuinte nem qualquer outro órgão da Administração Pública está adstrito ao que se exarou em uma SC. Indo mais além, o contribuinte não será penalizado, em sentido *stricto,* por agir de forma distinta da explicitada na SC. A sanção será dada tendo em vista

---

[261] Portaria MF 203, de 14 de maio de 2012. Art. 82. À Coordenação-Geral de Tributação – Cosit compete: I – gerenciar a elaboração, o aperfeiçoamento, a regulamentação, a consolidação, a simplificação e a disseminação da legislação tributária; II – gerenciar, em colaboração com a Suari, a elaboração, o aperfeiçoamento, a regulamentação, a consolidação, a simplificação e a disseminação da legislação aduaneira e correlata; III – analisar projetos de emenda à Constituição, projetos de lei e medidas provisórias, em todas as fases do processo legislativo, bem como minutas de decretos e outros atos complementares de iniciativa de órgãos do Poder Executivo, sem prejuízo da realização de idênticas atividades pelas demais Subsecretarias no que diz respeito às matérias de suas competências; IV – analisar as proposições e estudos de natureza tributária, aduaneira e correlata apresentados por entidades governamentais, sociais e empresariais, sem prejuízo da realização de idênticas atividades pelas demais Subsecretarias no que diz respeito às matérias de suas competências; e V – manifestar-se sobre proposta de atribuição de efeito vinculante à súmula do Conselho Administrativo de Recursos Fiscais – CARF, em colaboração com a Cocaj.

[262] Portaria MF 203, de 14 de maio de 2012. Art. 293. Ao Coordenador-Geral da Cosit incumbe: I – propor medidas para a adequação e aperfeiçoamento do Sistema Tributário Nacional; II – dirimir dúvidas quanto à interpretação da legislação tributária; III – aprovar regimes especiais de tributação; e IV – divulgar taxas de câmbio para fins tributários.

o descumprimento da legislação tributária, interpretada nos termos da solução, mas não por conta do descumprimento da SC em si.

A Solução de Consulta tem as mesmas características de um precedente judicial, pois parte das mesmas premissas. O Coordenador-Geral deve decidir como a legislação se aplica a um caso concreto, a partir de um fato determinado descrito pelo consulente, que deverá, ainda, indicar como entende a aplicação da legislação ao caso.[263] Na Solução de Consulta (SC), tal e qual em um precedente, o que o administrador faz é tomar uma decisão em face do Direito, a qual, a partir de então, passa a valer como uma norma jurídica. Assim, a SC também carece de uma fundamentação legal.[264] Pode-se dizer que sua natureza jurídica é a de um ato normativo em que o âmbito de validade, sua circunscrição, equivale à própria RFB. Essa constatação é importante porque possibilita entender o processo de decisão e os fatores que o tornam legítimo.

---

[263] IN SRF 1.396, de 16 de setembro de 2013. Art. 3º. § 2º A consulta deverá atender aos seguintes requisitos: I – identificação do consulente: *a)* no caso de pessoa jurídica ou equiparada: nome, endereço, telefone, endereço eletrônico (e-mail ou Caixa Postal Eletrônica), cópia do ato constitutivo e sua última alteração, autenticada ou acompanhada do original, número de inscrição no CNPJ ou no Cadastro Específico do INSS (CEI) e ramo de atividade; *b)* no caso de pessoa física: nome, endereço, telefone, endereço eletrônico (e-mail ou Caixa Postal Eletrônica), atividade profissional e número de inscrição no Cadastro de Pessoas Físicas (CPF); *c)* identificação do representante legal ou procurador, mediante cópia de documento que contenha foto e assinatura, autenticada em cartório ou por servidor da RFB à vista da via original, acompanhada da respectiva procuração; e *d)* no caso de órgão da administração pública, além da documentação de identificação do representante legal, cópia do ato de sua nomeação ou de delegação de competência, quando não conste como responsável pelo órgão público perante o CNPJ; II – na consulta apresentada pelo sujeito passivo, declaração de que: *a)* não se encontra sob procedimento fiscal iniciado ou já instaurado para apurar fatos que se relacionem com a matéria objeto da consulta; *b)* não está intimado a cumprir obrigação relativa ao fato objeto da consulta; e *c)* o fato nela exposto não foi objeto de decisão anterior, ainda não modificada, proferida em consulta ou litígio em que foi parte o consulente; III – circunscrever-se a fato determinado, conter descrição detalhada de seu objeto e indicação das informações necessárias à elucidação da matéria; e IV – indicação dos dispositivos da legislação tributária e aduaneira que ensejaram a apresentação da consulta, bem como dos fatos a que será aplicada a interpretação solicitada.

[264] IN SRF 1.396, de 16 de setembro de 2013. Art. 8º. § 1º A Solução de Consulta deverá conter: I – identificação do órgão expedidor, número do processo, nome, CNPJ, CEI ou CPF, e domicílio tributário do consulente; II – número, assunto, ementa e dispositivos legais; III – relatório; IV – fundamentos legais; V – conclusão; e VI – ordem de intimação.

É desse ponto que se quer partir: a natureza de decisão jurídica da Solução de Consulta Tributária. A importância da sua natureza jurídica está em poder aproximar as decisões com força de precedente, tomadas por tribunais superiores, das que são tomadas em SC. Essa aproximação torna possível a utilização da Teoria de MacCormick no âmbito da SC, porquanto o seu raciocínio foi todo desenvolvido em face dos precedentes de tribunais superiores.

A Solução de uma Consulta Tributária, da mesma forma que um precedente judicial, nada mais é que uma aplicação da lei ao caso concreto. Assim sendo, é necessário estatuir que aplicar a lei sempre envolve interpretá-la.[265] Isso porque qualquer norma colocada no ordenamento jurídico deve ser entendida antes de aplicada. Dessa forma, em um sentido mais amplo do termo "interpretação", toda aplicação da lei necessita de alguma forma de interpretação, tendo em vista que não há como dizer o Direito sem perfeitamente compreender, anteriormente, seu significado.[266]

No entanto, MacCormick coloca também um sentido mais estrito do termo "interpretação", o qual seria mais interessante para o estudo da argumentação jurídica. Nesse sentido, a interpretação somente ocorre quando se está diante de uma dúvida relativa ao entendimento, seguida de uma solução da celeuma com referência às razões que suportam a escolha. A distinção se faz quanto ao simples entendimento imediato dos termos da lei. E é uma diferenciação muito interessante de ser feita quando da análise da argumentação apresentada na Solução de Consulta (SC), porquanto ela não será analisada quando não houver dúvidas a respeito da aplicação da norma no que concerne ao caso apresentado.[267] Conclui-se

---

[265] Nas palavras de Paulo de Barros Carvalho: "Aplicar o direito é dar curso ao processo de positivação, extraindo de regras superiores o fundamento de validade para a edição de outras regras. É o ato mediante o qual alguém interpreta a amplitude do preceito geral, fazendo-o incidir no caso particular e sacando, assim, a norma individual. É pela aplicação que se constrói o direito em cadeias sucessivas de regaras, a contar da forma fundamental, axioma básico da existência do direito enquanto sistema, até as normas particulares, não passíveis de ulteriores desdobramentos, e que funcionam como pontos terminais do processo derivativo de produção do direito". CARVALHO, Paulo de Barros. *Curso de direito tributário*. 24. ed. São Paulo: Saraiva, 2012, p. 104.

[266] MACCORMICK, Neil. *Rhetoric and the rule of law*: a theory of legal reasoning. Oxford University Press, 2005, p. 121.

[267] IN SRF 1.396, de 16 de setembro de 2013. Art. 18º. Não produz efeitos a consulta formulada: I – com inobservância do disposto nos arts. 2º a 6º; II – em tese, com referência a fato genérico,

que, no caso de SC, sempre haverá uma interpretação no sentido estrito do termo e, por isso, a importância do estudo da argumentação jurídica para uma solução em acordo com o Direito.

A dúvida com relação à aplicação da lei exsurge, então, na solução de casos problemáticos. Nesses casos, a questão se transforma na escolha racional entre respostas legalmente sustentáveis.[268] As possibilidades de solução, normalmente, são diversas, o que torna a tarefa de justificação da decisão tomada ainda mais relevante.

A justificação é responsável por identificar as razões que levaram o decisor a escolher uma solução em detrimento de outra. Somente o processo de justificação é suficiente para apresentar o argumento jurídico capaz de persuadir o remetente da decisão jurídica quanto à correição dos seus termos. Nas palavras de Piscitelli:[269]

> Assim, se a persuasão somente tem lugar diante de razões justificadas, identifica-se um papel adicional à teoria da argumentação: o de ser capaz de identificar quais razões podem ser qualificadas como "boas", como condição para persuadir a audiência. A partir disso, Mac Cormick afirma que o processo que "vale a pena estudar é o processo de argumentação como um processo

---

ou, ainda, que não identifique o dispositivo da legislação tributária e aduaneira sobre cuja aplicação haja dúvida; III – por quem estiver intimado a cumprir obrigação relativa ao fato objeto da consulta; IV – sobre fato objeto de litígio, de que o consulente faça parte, pendente de decisão definitiva nas esferas administrativa ou judicial; V – por quem estiver sob procedimento fiscal, iniciado antes de sua apresentação, para apurar os fatos que se relacionem com a matéria consultada; VI – quando o fato houver sido objeto de decisão anteriormente proferida em consulta ou litígio em que tenha sido parte o consulente, e cujo entendimento por parte da administração não tenha sido alterado por ato superveniente; VII – quando o fato estiver disciplinado em ato normativo publicado na Imprensa Oficial antes de sua apresentação; VIII – quando versar sobre constitucionalidade ou legalidade da legislação tributária e aduaneira; IX – quando o fato estiver definido ou declarado em disposição literal de lei; X – quando o fato estiver definido como crime ou contravenção penal; XI – quando não descrever, completa e exatamente, a hipótese a que se referir, ou não contiver os elementos necessários à sua solução, salvo se a inexatidão ou omissão for escusável, a critério da autoridade competente; XII – quando versar sobre procedimentos relativos a parcelamento de débitos administrados pela RFB; XIII – sobre matéria estranha à legislação tributária e aduaneira; e XIV – quando tiver por objetivo a prestação de assessoria jurídica ou contábil-fiscal pela RFB.

[268] MACCORMICK, Neil. *Rhetoric and the rule of law*: a theory of legal reasoning. Oxford University Press, 2005, p. 102.

[269] PISCITELLI, Tathiane dos Santos. *Argumentando pelas consequências no direito tributário*. São Paulo: Noeses, p. 19.

de justificação". Referido processo, conforme já salientado por Perelman, não se esgota na apresentação de argumentos lógicos-dedutivos e, assim, na demonstração de que há uma regra geral que se adequa à situação concreta. O silogismo ou a argumentação lógica-dedutiva é um momento importante da tomada de decisão e, segundo Macormick, é uma exigência do Estado de Direito, mas a justificação não se encerra nele. Na medida em que existem soluções rivais para o caso em juízo, é necessário recorrer a uma justificação de "segunda ordem", que envolve o teste das possíveis decisões em face dos critérios normativos segundo os quais uma decisão é considerada correta (o que significa bem justificar).

Outra premissa importante é que a interpretação feita no âmbito do Direito Tributário não se distingue da interpretação feita na esfera de qualquer outro Direito. Na verdade, o Direito é um só, não fazendo sentido a criação de formas especiais de interpretação para um ramo específico da matéria.[270] Esta é a tese de Jonhson Barbosa Nogueira que se utilizará neste trabalho:

> A dificuldade de se encontrar uma explicação isenta de contraditoriedade reside no fato de estes juristas partirem do pressuposto de que se interpreta apenas a norma, através de operações lógicas, além do fato de tentarem cobrir, em razão de sua postura lógica, a necessidade de se fazerem valorações no processo interpretativo. Superados estes preconceitos, como a moderna Teoria Geral do Direito vem fazendo, verificar-se-á que o direito é o mesmo objeto de conhecimento, em qualquer ramo jurídico, não havendo, pois, de se cogitar de uma interpretação especial em cada ramo, seja em termos de considerações específicas, seja em termos de princípios (que nunca se definem) específicos

---

[270] Paulo de Barros Carvalho também corrobora essa ideia da Ciência do Direito como sendo uma só: "Com efeito, a ordenação jurídica é uma e indecomponível. Seus elementos – as unidades normativas – se acham irremediavelmente entrelaçados pelos vínculos de hierarquia e pelas relações de coordenação, de tal modo que tentar conhecer regras jurídicas isoladas, como se prescindissem da totalidade do conjunto, seria ignorá-lo, enquanto sistema de proposições prescritivas. Uma coisa é certa: qualquer definição que se pretenda há de respeitar o princípio da unidade sistemática e, sobretudo, partir dele, isto é, dar como pressuposto que um número imenso de preceitos jurídicos, dos mais variados níveis e dos múltiplos setores, se aglutinam para formar essa mancha normativa cuja demarcação rigorosa e definitiva é algo impossível. CARVALHO, Paulo de Barros. *Curso de direito tributário*. 24. ed. São Paulo: Saraiva, 2012, p. 37.

de cada ramo. Os ramos jurídicos são apenas divisões de um mesmo campo, em razão do peculiar tipo de substrato, o que facilita a divisão do trabalho e o tratamento didático do direito. O método de conhecimento do direito há de ser um só, o método empírico-dialético, o único que concebe o direito em sua integralidade, com uma realidade estimativa e normativa. O único que, por levar em conta o substrato, aplica-se em qualquer ramo jurídico, sem que se possa necessitar de artificialismos especiais[271].

Entendendo que a interpretação no Direito Tributário deve ser feita nos mesmos moldes que a feita em qualquer outro ramo do Direito, não resta óbice para a aplicação de técnicas de decisão jurídica para esse ramo. Contudo, apesar de o Direito Tributário utilizar-se das mesmas técnicas de decisão jurídica, nada impede a criação de um modelo de interpretação e aplicação especifico para este ramo do Direito, tendo em vista que os valores a serem utilizados serão primordialmente os que o fundamentam.

O que se quer ao final é demonstrar a possibilidade de se justificar uma decisão tomada em Solução de Consulta por meio de argumentos consequencialistas.

3.1. A importância da justificação na argumentação jurídica

Toda decisão jurídica, tanto a judicial como as soluções apresentadas às consultas tributárias, é uma escolha diante de várias possibilidades de resolução. O raciocínio jurídico é intrinsecamente controvertido, ao contrário do raciocínio dedutivo puramente formal, só muito raramente a escolha fica adstrita a considerações binárias, do tipo correto ou incorreto.[272]

Não existe certeza na aplicação da Lei. Dessa forma, o Estado de Direito é perfeitamente compatível com uma concepção que releva seu caráter argumentativo. As várias partes em uma contenda conseguem dialogar contrapondo razões jurídicas válidas para uma solução que lhes favoreça. Na solução de uma consulta tributária, o consulente expõe o que, para ele, seria uma decisão correta e fixa os argumentos que corroboram o seu entendimento. É o próprio Administrador Tributário, aqui na figura do Coordenador-Geral da Cosit, que irá assentir com os argumentos dados

---

[271] NOGUEIRA, Johnson Barbosa. *A interpretação econômica no direito tributário*. São Paulo: Editora Resenha Tributária, 1982, p. 75.
[272] PERELMAN, Chaïm. *Lógica jurídica*: nova retórica. Tradução de Vergínia K. Pupi, São Paulo: Martins Fontes, 2000, p. 8.

ou apresentar novas razões que darão ensejo a uma decisão distinta da sugerida.

Esse caráter argumentativo não traz insegurança jurídica, pelo contrário, promove o diálogo entre as diversas partes envolvidas na lide de modo a trazer para o agente responsável pela decisão informação suficiente para que decida em consonância com o ordenamento jurídico como um todo. Por outro lado, o raciocínio que preza pelo império da lei, concluindo pela subsunção como única forma legítima de aplicação da norma, muitas vezes esconde a intolerância do agente decisor, podendo se apresentar como um disfarce protetor de ações arbitrárias do Governo.[273] A concepção que se tem em países nos quais a ideia de Estado de Direito não fincou raízes profundas na realidade institucional acerca da função ou das funções que cabem ao sistema jurídico e dos obstáculos específicos aos desempenhos de tais funções pode levar a uma divisão radical do poder do Estado. Nessas sociedades, o papel do juiz é reduzido ao de um aplicador inflexível e intransigente de programas condicionais (regras),[274] que alberga um Estado totalitário.

A quantidade de soluções possíveis no raciocínio jurídico torna a interpretação e a aplicação das normas jurídicas, bem como a prova e a interpretação dos fatos relevantes para a aplicação da lei, altamente problemáticas. Paulo de Barros Carvalho explica muito bem o fenômeno:

> Vimos que a aplicação do direito pressupõe a interpretação, e esse vocábulo há de ser entendido como a atividade intelectual que se desenvolve à luz de princípios hermenêuticos, com a finalidade de construir o conteúdo, o sentido e o alcance das regras jurídica. Utilizo a palavra "hermenêutica", neste trecho, não apenas como teoria científica que se propõe estudar as técnicas possíveis de interpretação, no sentido de Emilio Betti, mas na sua acepção mais ampla, abrangendo o que ficou conhecido por "hermenêutica filosófica", consoante o pensamento de Heidegger e de Gadamer. Para este último, interpretar é criar, produzir, elaborar sentido, diferentemente do que sempre proclamou a Hermenêutica tradicional, em que os conteúdos de significação

---

[273] MACCORMICK, Neil. *Rhetoric and the rule of law*: a theory of legal reasoning. Oxford University Press, 2005, p. 24.
[274] SCHUARTZ, Luis Fernando. Consequencialismo jurídico, racionalidade decisória e malandragem. *Revista de Direito Administrativo – RDA*, Belo Horizonte, n. 248, maio/ago. 2008, p. 130-158, p. 141.

dos textos legais eram "procurados", "buscados" e "encontrados" mediante as chamadas técnicas interpretativas. Como se fora possível isolar o sentido originário e a intenção do editor da norma.[275]

Em conformidade com o relevado anteriormente, tem-se que o silogismo legal muitas das vezes é, além de temerário, insatisfatório para que se resolva o caso apresentado. Utilizando-se tão somente do silogismo, é possível que se encontrem dois resultados contraditórios na interpretação da norma para um mesmo caso concreto. Dizer que, por se tratar de silogismo, a subsunção, por si só, basta como justificação da decisão tomada pode acarretar incoerências inconciliáveis. Veja-se, por exemplo, o acórdão do Supremo Tribunal Federal no Recurso Extraordinário nº 131741/SP, único encontrado na jurisprudência do tribunal que trata de consulta tributária:

TRIBUTÁRIO – CONSULTA – INDENIZAÇÃO POR DANOS CAUSADOS. Ocorrendo resposta a consulta feita pelo contribuinte e vindo a administração pública, via o fisco, a evoluir, impõe-se-lhe a responsabilidade por danos provocados pela observancia do primitivo enfoque. (RE 131741, Relator(a): Min. MARCO AURÉLIO, SEGUNDA TURMA, julgado em 09/04/1996, DJ 24-05-1996 PP-17415 EMENT VOL-01829-02 PP-00243)

O processo trata de uma empresa que requereu uma Solução de Consulta à Fazenda do Estado de São Paulo por conta de dúvida sobre o exato momento da incidência do imposto sobre circulação de mercadorias, considerada a matéria-prima empregada na fabricação de álcool etílico carburante. Em um primeiro momento, a Secretaria de Fazenda, exarou solução no sentido de incidência quando da emissão da nota fiscal para entrega futura. Todavia, considerados procedimentos de outras empresas que atuam na área, a empresa voltou a endereçar consulta à Secretaria, momento em que recebeu resposta, assinada pelo mesmo consultor tributário, em sentido diametralmente oposto ao fixado primeiramente. Tendo em vista que à época dos recolhimentos a inflação se encontrava em níveis muito altos, a empresa foi enormemente prejudicada por conta de decisão em Solução de Consulta que a havia obrigado a antecipar recolhi-

---

[275] CARVALHO, Paulo de Barros. *Curso de direito tributário*. 24. ed. São Paulo: Saraiva, 2012, p. 109.

mentos, procedimento que não estava sendo cobrado das demais empresas que concorriam no mesmo mercado.

O mesmo caso concreto, sob a mesma regra jurídica (que estipula o momento de incidência do tributo), deu vazão a entendimentos opostos para o mesmo consultor. Nesse sentido, teorias sobre a indeterminação da linguagem reclamam segurança jurídica aos que se proclamam defensores do Estado de Direito. Os problemas tornam-se aparentes quando argumentos são elevados ao ponto de lançar dúvidas até mesmo sobre o que até agora pareciam certezas da lei. Não menos antigo do que o reconhecimento do Estado de Direito como um ideal político é o reconhecimento do domínio da lei como uma circunstância única de argumentação, um berço da retórica em todas as suas artes elegantes e persuasivas, mas também, às vezes, questionável.[276]

A lei é um produto humano efêmero. No momento da sua concepção, sem levar em conta o caráter falível do raciocínio, é possível que a norma reflita o que veio a ser a vontade do legislador, ou numa visão mais institucional, da coletividade como um todo. Não obstante, a forma de enxergar os valores embutidos no ordenamento jurídico se altera com o fluir do tempo, o que faz com que a fé na aplicação da lei, no seu grau de certeza e previsibilidade, se torne uma utopia jurídica. A questão é: de que maneira manter a fé, no que diz respeito aos valores subjacentes em tensão mútua com a tentativa de criar e sustentar a lei com um bom grau de certeza e previsibilidade, sem perder de vista a realidade de que os processos legais devem ouvir a todos os argumentos razoáveis?[277]

Por um lado, o Direito não é uma ciência exata. E, por outro, a tomada de decisões e a justificativa do raciocínio legal não têm o caráter demonstrativo que a sua construção em forma silogística parece atribuir-lhes.[278] Seria muito mais simples a tarefa do juiz ou do administrador tributário (no caso da Solução de Consulta) se o caso fosse tão somente de uma forma silogística. Aliás, levando ao extremo esse raciocínio, nem a figura da con-

---

[276] MACCORMICK, Neil. *Rhetoric and the rule of law*: a theory of legal reasoning. Oxford University Press, 2005, p. 13.
[277] MACCORMICK, Neil. *Rhetoric and the rule of law*: a theory of legal reasoning. Oxford University Press, 2005, p. 29.
[278] MACCORMICK, Neil. *Rhetoric and the rule of law*: a theory of legal reasoning. Oxford University Press, 2005, p. 39.

sulta tributária existiria, pois, como já foi visto, ela só serve para situações em que a aplicação da legislação tributária dá ensejo a dúvidas.

No fim das contas, não é o silogismo jurídico que, por si só, determina o desfecho do caso. Alguns ou todos os termos do ato normativo terão de ser interpretados, bem como os fatos do caso devem ser interpretados e avaliados para ver se eles realmente descrevem o estatuído na lei. Tendo em vista o número de soluções possíveis, as razões para a preferência dada a certa interpretação em uma decisão, judicial ou administrativa, podem e devem ser colocadas.[279]

Existe a possibilidade de a dúvida partir não da interpretação da lei, mas do fato em si. As normas jurídicas suportam a decisão, mas nem por isso todas elas o fazem diretamente. Elas podem prescrever as condições em que o tributo não deve incidir, ou circunstâncias que ascendem à aplicação de penalidades administrativas, ou a frustração de um direito a crédito tributário, e assim por diante. Essas seriam "consequências normativas", e é em relação a essas consequências normativas que a lei faz atos e eventos do tipo especificado " fatos operativos", isto é, os fatos que operam o direito para trazer a consequência relevante.[280] Nesse caso, a decisão jurídica deverá interpretar o "fato operativo" para que entenda ou não pela "consequência normativa".

Apesar de parecer um pouco óbvia a possibilidade de raciocínios jurídicos darem égide à decisão a ser tomada, existe uma notável insistência na preferência reclamada ao silogismo jurídico. Isso se deve ao fato de somente o silogismo ser capaz de prover o quadro no qual os outros argumentos fazem sentido como argumentos jurídicos.[281] É na aplicação do estatuto que surge a perspectiva de se interpretá-lo em face do caso concreto. O silogismo jurídico aparece assim como o início do processo, mas não como única forma de concluir por uma decisão jurídica válida.

Nesse sentido, se o silogismo jurídico é tomado como um quadro exibindo a estrutura de todo o raciocínio jurídico que envolve a aplicação de lei, há um número limitado de variáveis que possibilitam o aparecimento

---

[279] MACCORMICK, Neil. *Rhetoric and the rule of law*: a theory of legal reasoning. Oxford University Press, 2005, p. 42.
[280] MACCORMICK, Neil. *Rhetoric and the rule of law*: a theory of legal reasoning. Oxford University Press, 2005, p. 24.
[281] MACCORMICK, Neil. *Rhetoric and the rule of law*: a theory of legal reasoning. Oxford University Press, 2005, p. 42.

de desafios a exigir um raciocínio principiológico não dedutivo, isto é, retórico ou persuasivo. São quatro os desafios que podem ser levantados: o problema da prova – como provar o fato alegado; o problema da caracterização ou qualificação do ato – o que deve ou não ser provado; o problema da interpretação – qual a leitura deve ser feita da norma; e o problema da relevância – determinar a importância da norma para o caso descrito.[282]

Diante desses desafios, aos operadores do direito – aqui se tem tanto o juiz como o administrador público ou, até mesmo, o advogado – a escolha do argumento para justificar uma decisão pode apresentar resultados os mais variados possíveis. Relevar tão somente o silogismo jurídico seria diminuir o escopo desses operadores em face da norma, o que, como já se viu, pode levar a decisões injustas no que concerne ao ordenamento jurídico como um todo.

O número de argumentos que podem ser dados para justificar uma decisão, conforme já visto, pode acarretar a formulação de normas mutuamente contraditórias – a norma aqui tida como o produto da aplicação da lei ao caso concreto. Nesse sentido, é possível que o mesmo fato dê vazão a duas interpretações divergentes do estatuto – o que é natural ao contexto enfrentado no Poder Judiciário, quando as partes litigam em face de um fato incontroverso com leituras dissonantes do ordenamento, cabendo ao juiz determinar qual a mais consoante ao sistema como um todo.[283] Para a solução da Consulta Tributária, o administrador público deve enfrentar o mesmo dilema confrontando a saída apresentada pelo consulente e as conhecidas por ele como operador do direito.

Dentro da circunstância apresentada, o encarregado de tomar uma decisão em direito – seja ele legislador, magistrado ou administrador público – deve arcar com a responsabilidade que decorre de seu poder. Seu comprometimento pessoal é inevitável, por melhores que sejam as razões que possa alegar em favor de sua tese. Visto que raras são as situações em que as boas razões, que militam a favor de uma solução, não sejam contrabalançadas por razões mais ou menos boas em favor de uma solução diferente: a apreciação do valor destas razões – que muito raramente pode ser

---

[282] MACCORMICK, Neil. *Rhetoric and the rule of law*: a theory of legal reasoning. Oxford University Press, 2005, p. 42-43.
[283] MACCORMICK, Neil. *Rhetoric and the rule of law*: a theory of legal reasoning. Oxford University Press, 2005, p. 52.

reduzida a um cálculo, um peso ou uma medida – é que pode variar de um indivíduo para outro e sublinha o caráter pessoal da decisão tomada.[284]

Pode acontecer de os encarregados de tomar a decisão divergirem, o que pode ser resolvido em termos de hierarquia, a depender do contexto. No caso da solução de uma consulta tributária, inexiste a possibilidade de um recurso hierárquico. Assim, no caso de o consulente não concordar com a decisão da Administração Tributária para o seu caso, deverá recorrer ao Judiciário no intento de obter uma decisão mais consentânea com sua interpretação do ato jurídico. Percebe-se então que nada garante ser a decisão, diante da qual será necessário inclinar-se, efetivamente a única solução justa para o problema levantado.[285]

Partindo dessa premissa, um bom procedimento para tomar uma decisão jurídica seria maximizar as oportunidades de apresentação de argumentação jurídica, com atenção a todos os pontos atinentes à situação problema, facilitando a confecção de uma decisão mais justa.[286]

A Administração Pública não pode se ver em um vazio quando da abordagem feita ao problema de aplicação da legislação ao caso concreto. Afinal, existe um contexto infinito de material que serve para orientar e fundamentar as decisões e para restringir o intervalo dentro do qual as decisões dos órgãos públicos podem legitimamente ser proferidas.[287]

Nesse contexto, a alegação de lacuna na lei para solução de um caso concreto termina, muitas das vezes, por ser um engodo. Não se pode, pura e simplesmente, identificar a existência de lacunas com o fato de um sistema formal ser incompleto, como desejariam certos formalistas – Perelman tem por formalistas os positivistas primevos. Um sistema formal é incompleto quando não se pode deduzir nos axiomas do sistema, mediante regras de dedução aceitas, uma proposição, nem sua negação. Só se fala de lacunas no direito quando as tentativas de interpretar a lei não chegam a um resultado satisfatório. As controvérsias jurídicas concretas demonstram que é

---

[284] PERELMAN, Chaïm. *Lógica jurídica*: nova retórica. Tradução de Vergínia K. Pupi, São Paulo: Martins Fontes, 2000, p. 8-9.
[285] PERELMAN, Chaïm. *Lógica jurídica*: nova retórica. Tradução de Vergínia K. Pupi, São Paulo: Martins Fontes, 2000, p. 9.
[286] MACCORMICK, Neil. *Rhetoric and the rule of law*: a theory of legal reasoning. Oxford University Press, 2005, p. 84.
[287] MACCORMICK, Neil. *Rhetoric and the rule of law*: a theory of legal reasoning. Oxford University Press, 2005, p. 23.

frequente, a este respeito, constatar-se um desacordo entre os intérpretes, o que acarreta, consequentemente, um desacordo sobre a existência ou sobre a própria inexistência da lacuna.[288]

O argumento pela retórica, ao se utilizar dos axiomas do sistema, nega a possibilidade de lacunas no Direito. Daí que a importância de se evidenciar a argumentação jurídica que embasa uma decisão tomada está na sua legitimidade e na possibilidade de enfrentar o raciocínio esposado. Dessa forma, não há como entender legítima uma decisão que não evidencia os argumentos utilizados para a sua conclusão, pois seria como aceitar que o ato de decidir é despido de qualquer noção de controle social, ou oportunidade de enfrentamento. Só é controlável o que é apresentado, e em um Estado Democrático de Direito qualquer decisão deve ser controlável pelo coletivo.

De fato, dizer o porquê de uma decisão tomada é justificar, fornecendo uma argumentação convincente, indicando a legitimidade das escolhas feitas pelo juiz ou pelo administrador. É esta justificação, específica do raciocino jurídico, que se deve examinar mais de perto. É ela que, explicitando as razões do dispositivo, deve convencer o consulente de que a solução não resulta de uma tomada de posição arbitrária.[289] Porém, é interessante notar que a validade de uma decisão não se cinge a uma decisão justificada. Apesar de, segundo a teoria da argumentação, a decisão ser presumivelmente válida quando proferida em consonância com o critério de validade, isso não quer dizer que ela estará justificada.[290]

A causa de justificação é um nexo universal. Nesse sentido: uma decisão de Solução de Consulta (SC) para um dado caso concreto deve servir para todos os atos que detenham as mesmas peculiaridades e que lhe sejam supervenientes. Isso porque, em face da justificação dada, materialmente o mesmo ato deve estar correto em todas as situações em que as características analisadas estiverem presentes. Essa universalização está sujeita à exceção por conta de determinados atributos adicionais relevantes que podem estar presentes. Contudo, para alterar o resultado universalizado,

---

[288] PERELMAN, Chaïm. *Lógica jurídica*: nova retórica. Tradução de Vergínia K. Pupi, São Paulo: Martins Fontes, 2000, p. 66.
[289] PERELMAN, Chaïm. *Lógica jurídica*: nova retórica. Tradução de Vergínia K. Pupi, São Paulo: Martins Fontes, 2000, p. 222.
[290] PISCITELLI, Tathiane dos Santos. *Argumentando pelas consequências no direito tributário*. São Paulo: Noeses, p. 103.

a exceção deve ser válida somente para ela, que, por sua vez, tem a mesma qualidade universal. O decisor lida com um conjunto adicional de relações, de tal forma que este, por sua vez, se repetido, reclamaria justificar a mesma exceção em um caso futuro semelhante.[291]

Isso não depende de qualquer doutrina ou prática de seguir precedentes. Pelo contrário, é a racionalidade de um sistema de precedentes que depende dessa propriedade fundamental da justificação normativa, dentro de qualquer quadro de justificação, a sua universalização. A vinculação da SC só faz sentido dentro dessa universalização da justificativa normativa. Só se aplicará a solução, quando as características apresentadas na justificação se repetirem. Qualquer outro atributo adicional acarretaria o aparecimento de uma exceção e, consequentemente, a não aplicação da SC ou a necessidade de formulação de uma nova solução. O compromisso com a imparcialidade entre diferentes indivíduos e casos diferentes implica que os fundamentos da SC sejam considerados repetíveis em casos futuros.[292]

A objeção feita à justificação não invalida seu caráter universal. Como visto, pode dar brecha para a criação de uma exceção ou mesmo para a não aplicação da Solução de Consulta. Bem assim, a possibilidade de objeção válida à universalização não pode ser vista como uma generalização, a qual não necessariamente é uma característica sempre reiterável. A universalização é que deve ser uma condição intrínseca à justificação tanto na argumentação jurídica como na moral. Isso é assim mesmo que se saiba da perspectiva sempre presente de acontecimentos imprevistos e circunstâncias que exigem a revisão das quase-certezas até então aceitas. Se o "particularismo" é entendido como uma posição que insiste na abertura para avaliar novos casos e circunstâncias, quando estes surgem, então é aceitável. Mas essa abertura para novas indicações está dentro de um esquema de justificação às oposições válidas do que é universal, e cada nova exceção, uma vez reconhecida em si, torna-se uma exceção universalizada.[293]

Justificar um ato é mostrar que ele é correto dentro da premissa esposada. Mostrar que é correto é mostrar que, em qualquer visão objetiva da

---

[291] MACCORMICK, Neil. *Rhetoric and the rule of law*: a theory of legal reasoning. Oxford University Press, 2005, p. 91.
[292] MACCORMICK, Neil. *Rhetoric and the rule of law*: a theory of legal reasoning. Oxford University Press, 2005, p. 89.
[293] MACCORMICK, Neil. *Rhetoric and the rule of law*: a theory of legal reasoning. Oxford University Press, 2005, p. 94.

questão, o ato deveria ter sido feito, ou mesmo tinha de ser feito, dado o caráter do ato e as circunstâncias do caso. Dizer: "é certo fazer isso por conta dessas circunstâncias, tendo em vista o que é isso e o que são essas circunstâncias", por muito que se possa expandir em uma alusão especial ao se apontar e ao se acenar com a cabeça, é deixar de mostrar algo diferente de uma visão puramente subjetiva do que importa. É somente quando "isso" e "essas" são qualificados de alguma maneira (não necessariamente uma explicação verbal – eu posso entender o significado de modo claro ao final, simplesmente balançando a cabeça, como se estivesse em um jogo de charadas), que se torna possível a avaliação de modo objetivo.[294]

A questão aqui reside na tese de que razões que justificam uma ação são conceitualmente distintas das razões explicativas ou da motivação. Dizer o que me motiva ou explicar a razão de ter agido de uma forma particular não justifica o ato em si, explicita tão somente as causas particulares, subjetivas, para a decisão. O que importa é dizer o porquê de aquele ato estar correto, por isso justificá-lo.[295]

Isto é, não se justifica sem universalização; a motivação não precisa de universalização, mas a explicação requer generalização. Para fatos particulares – ou motivos particulares – serem razões justificantes, têm que ser incluídos no âmbito de um princípio de ação adequado que seja universalmente indicado, mesmo que o universal seja reconhecido como validamente objetável. Isso se aplica, de modo bastante geral, ao raciocínio prático e para o raciocínio jurídico como uma parte do raciocínio prático.[296]

Portanto, a universalização que ocorre no Direito, em uma Solução de Consulta, por exemplo, já está definida, em grande parte, em lei, e diz respeito à provocação de questões em que o teor da lei estabelecida é desafiado. Além disso, em contraste com a maior parte das deliberações de cunho moral, a deliberação legal, uma vez que exsurge no tribunal ou no âmbito da Solução de Consulta, é (com algumas exceções) um processo público. Nesse processo público, por causa da responsabilidade pública dos juízes e do administrador tributário, se está obrigado (muitas das vezes,

---

[294] MACCORMICK, Neil. *Rhetoric and the rule of law*: a theory of legal reasoning. Oxford University Press, 2005, p. 97.
[295] MACCORMICK, Neil. *Rhetoric and the rule of law*: a theory of legal reasoning. Oxford University Press, 2005, p. 98.
[296] MACCORMICK, Neil. *Rhetoric and the rule of law*: a theory of legal reasoning. Oxford University Press, 2005, p. 99.

por lei, algumas vezes simplesmente por usos e costumes) a indicar publicamente o que está sendo feito e o porquê da correição em se decidir como está sendo decidindo. Isso é o que significa justificação para os efeitos do presente trabalho. Nos caminhos ilustrados e argumentados acima, estas afirmações de razões como razões públicas, por funcionários comprometidos com a justiça imparcial em todos os casos, necessariamente participam da universalidade, embora sejam falseáveis. Em um certo sentido, pode-se conceber uma "ética sem princípios", mas o mesmo não ocorre na Ciência do Direito.[297]

O processo de justificação é impreterível para que se chegue a uma decisão jurídica legítima, que convença as partes ou o consulente dos argumentos que levaram à solução escolhida. Para tal, Piscitelli argumenta que o processo de justificação é diferente de fundamentar a decisão:

> O processo de justificação é interno ao sistema jurídico e intrínseco ao processo de tomada de decisão. Invariavelmente, os juízes lidam com, pelo menos, duas interpretações rivais da regra objeto da disputa (autor versus réu) e a escolha por uma delas deve ser fundamentada em razões, que irão constituir a justificação da decisão. Trata-se, portanto, da avaliação material das razões publicizadas na fundamentação do julgado. O fato de a decisão possuir um item destinado à motivação não implica sua justificação, mas, tão somente, o cumprimento de um dos critérios formais de validade (procedimento).[298]

O caso é que a formalidade não é suficiente em si para fazer da decisão jurídica um ato legítimo. Um tópico relevando a fundamentação legal da Solução de Consulta (SC) [299] não basta. Essa fundamentação deve conter as razões que irão constituir a justificação da SC – claro, tendo em vista que só assim o consulente terá acesso ao raciocínio entabulado, e a regra de universalização da SC será publicizada, tornando factível o seu cumprimento.

---

[297] MACCORMICK, Neil. *Rhetoric and the rule of law*: a theory of legal reasoning. Oxford University Press, 2005, p. 99.
[298] PISCITELLI, Tathiane dos Santos. *Argumentando pelas consequências no direito tributário*. São Paulo: Noeses, p. 104-105.
[299] IN SRF 1.396, de 16 de setembro de 2013. Art. 8º. § 1º A Solução de Consulta deverá conter: I – identificação do órgão expedidor, número do processo, nome, CNPJ, CEI ou CPF, e domicílio tributário do consulente; II – número, assunto, ementa e dispositivos legais; III – relatório; IV – fundamentos legais; V – conclusão; e VI – ordem de intimação.

Por fim, para que o Administrador Público consiga aplicar uma certa norma a um caso concreto, quando da análise de uma consulta tributária, deve escolher entre as soluções rivais e justificar essa escolha, ou seja, fundamentar em boas razões.[300]

3.2. O argumento consequencialista

Não é uma tarefa fácil entender o texto da lei, que, em vista da linguagem utilizada na comunicação oficial pelo Estado, mostra-se ambíguo, vago, aberto para diversas significações.[301] Essa abertura não é necessariamente uma qualidade ruim, mas deve ser vista como uma característica que determina o labor do intérprete.

Aqui vale a diferenciação entre lei, proposição, regra e norma jurídica concreta. A lei é o suporte físico das regras jurídicas. A compreensão da lei capta as proposições jurídicas que elas carregam. Tais prescrições não estabelecem ou preceituam coisa alguma ainda. É a combinação dessas proposições que consubstancia a regra jurídica. A regra jurídica, por sua vez, é um comando incompleto, pois falta ainda a definição de alguma circunstância que torne exigível a conduta. Somente quando o comando jurídico se completa é que se está diante da norma jurídica em sentido concreto.[302] O fenômeno, quando pleno, é descrito por Meira:

> Toda norma jurídica, seja geral ou individual, abstrata ou concreta, há de abrigar um comando completo e, portanto, tem caráter prescritivo. A norma jurídica tributária é composta de descrição do fato jurídico, dos sujeitos ativo e passivo, da alíquota, da base de cálculo.
>
> Normalmente, não basta a consulta a um único texto, o exegeta, com frequência, tem de se valer de várias leis, inclusive de atos normativos de hierarquia superior e inferior à da lei ordinária, para conseguir todas as significações jurídicas necessárias e organizá-las de forma a preencher integralmente os elementos constitutivos da norma jurídica.[303]

---

[300] PISCITELLI, Tathiane dos Santos. *Argumentando pelas consequências no direito tributário*. São Paulo: Noeses, p. 106.
[301] MACCORMICK, Neil. *Rhetoric and the rule of law*: a theory of legal reasoning. Oxford University Press, 2005, p. 25-26.
[302] MEIRA, Liziane Angelotti. *Tributos sobre o comércio exterior*. São Paulo: Saraiva, 2012, p. 48-49.
[303] MEIRA, Liziane Angelotti. *Tributos sobre o comércio exterior*. São Paulo: Saraiva, 2012, p. 50.

O direito tributário, como qualquer outro ramo do direito, reclama, na aplicação da lei ao caso concreto, tendo em vista as diversas possibilidades para criação da norma, uma argumentação elaborada, que torna o raciocínio dedutivo insuficiente. Conforme já mencionado, a atividade de subsunção, quando o aplicador identifica a regra jurídica geral e abstrata mais adequada ao fato ocorrido para, então, resolver a celeuma que se apresenta diante dele, se verifica defeituosa. A problemática desse raciocínio dedutivo normalmente se encontra nas questões relacionadas à interpretação dos termos contidos nas leis ou nos aspectos relativos à prova, à classificação e à relevância.[304]

Sabe-se que, durante muito tempo, houve, no estudo da ciência do Direito, uma aversão a qualquer método de interpretação que admitisse a utilização de critérios valorativos.[305] As razões dessa repulsa se encontravam em uma representação original do Estado de Direito como uma antítese do caráter discutível do Direito, na verdade, uma distorção na ênfase dada à segurança jurídica. Apesar de esse atributo não ser válido, ou presente, tão somente no Estado de Direito, é um benefício que as pessoas buscam diretamente dos legisladores e juízes com o intuito de conferir à aplicação das normas a maior certeza possível.[306]

A Teoria Pura do Direito, que tem como criador Hans Kelsen, estabelece que, para permanecer científica, a Ciência do Direito deve eliminar de seu campo de investigação qualquer referência a juízos de valor, à ideia da justiça, ao direito natural e a tudo o que concerne à moral, à política ou à ideologia, conquanto Kelsen reconhecesse que o juiz não é um mero autômato, na medida em que as leis que aplica permitem-lhe diversas interpretações.

---

[304] PISCITELLI, Tathiane dos Santos. *Argumentando pelas consequências no direito tributário*. São Paulo: Noeses, p. 110.

[305] Até os dias de hoje, muitos são os doutrinadores que tentam se afastar de critérios valorativos, como o que seja justo ou correto. Nesse sentido, um bom exemplo é Paulo de Barros Carvalho, que não admite a utilização de valores para a interpretação jurídica: "De qualquer modo, a exegese dos textos legais, para ser completa, tem de valer-se de incursões nos níveis sintático, semântico e pragmático da linguagem jurídica, única forma de chegar-se ao conteúdo intelectual, lembrando-nos sempre que a interpretação é um ato de vontade e um ato de conhecimento e que, como ato de conhecimento, não cabe à Ciência do Direito dizer qual é o sentido mais justo ou correto, mas, simplesmente, apontar as interpretações possíveis". (Grifo nosso)

[306] MACCORMICK, Neil. *Rhetoric and the rule of law*: a theory of legal reasoning. Oxford University Press, 2005, p. 28.

A interpretação não poderia ser feita no âmbito da ciência do direito, mas utilizando a lei somente como parâmetro. O autor entendia que a escolha entre as diversas interpretações possíveis quando da aplicação da lei ao caso concreto depende não da ciência do direito nem do conhecimento, mas de uma vontade livre e arbitrária, que uma pesquisa científica, que se quer objetiva e alheia a qualquer juízo de valor, não pode guiar de modo algum. O juiz exerce sua atividade como o administrador público encarregado de uma função, aplicando a lei nos limites conferidos.[307]

Perelmann consegue fazer uma crítica bem definida com relação à teoria defendida por Kelsen:[308]

> A redução do direito à sociologia, como se a elaboração das regras de direito fosse um fenômeno natural, ao qual seriam alheias a vontade e as aspirações dos homens, é a consequência, que salta aos olhos, dessa tentativa de tratar o direito como ciência.
>
> Ela se emparelha aos inconvenientes da teoria pura do direito de Kelsen, que separa de modo demasiado rígido o direito do fato, faz concessões excessivas ao arbítrio do juiz dentro do âmbito da lei, despreza o papel essencial da regra de justiça formal, que requer o tratamento igual para situações essencialmente semelhantes, e recusa toda referência a juízos de valor, como se a justiça e a equidade fossem noções alheias ao direito.

Autores pós-positivistas, como o próprio MacCormick, intentam ultrapassar essa concepção do direito. A sociedade muito evoluiu social e culturalmente, fazendo com que as práticas jurídicas sem fundo valorativo cada vez se quedem mais distantes dos costumes, dos hábitos e das instituições sociais e culturais do meio regido por dado sistema de direito. Ficou difícil limitar a identificação do Direito somente com a lei, pois há princípios que, mesmo estando subjacentes ao ordenamento jurídico, impõem-se a todos aqueles para quem o Direito é a expressão não só da vontade do legislador, mas dos valores que este tem por missão promover, dentro os quais figura, em primeiro plano, o da justiça.[309]

---

[307] PERELMAN, Chaïm. *Lógica jurídica*: nova retórica. Tradução de Vergínia K. Pupi, São Paulo: Martins Fontes, 2000, p. 92-93.
[308] PERELMAN, Chaïm. *Lógica jurídica*: nova retórica. Tradução de Vergínia K. Pupi, São Paulo: Martins Fontes, 2000, p. 94.
[309] PERELMAN, Chaïm. *Lógica jurídica*: nova retórica. Tradução de Vergínia K. Pupi, São Paulo: Martins Fontes, 2000, p. 94-95.

Colocando em termos mais simples, a técnica de subsunção é insuficiente por duas razões. Em primeiro lugar, não dá conta da atividade criativa do aplicador do direito, considerando-se aqui, inclusive, o administrador público, que, ao construir a norma partindo da lei, tem, diante de si, diversos caminhos possíveis. Assim, nos limites dados pelo texto legal, a tarefa do intérprete é a mais aberta possível, tornando o ato de interpretar uma atividade criativa.[310]

Além de conceber a tarefa do intérprete como monolítica, a teoria é insuficiente porque despreza a necessidade de argumentação jurídica. Se a lei dá uma única possibilidade de solução para os conflitos, não há razão para que se demonstrem os passos necessários à justificação da decisão judicial.[311] O diálogo com relação à devida aplicação da lei se torna despiciendo, porquanto não há o que se objetar com relação a uma atividade que é puramente mecânica.

Algumas respostas nunca foram dadas pelos partidários de uma concepção positivista do direito. Como admitir que somente a letra da lei devesse servir ao aplicador do direito ao se constatar que certos textos jamais foram efetivamente aplicados e que outros, em dado momento, sem terem sido ab-rogados, caíram em desuso – o crime de adultério, por exemplo, que há muito já não dava ensejo a condenações quando da sua revogação. O fato de o costume e a jurisprudência poderem exercer uma influência sobre a vida do direito é um fenômeno que tem de ser constatado, mas a teoria positivista não pode explicá-lo.[312]

Numa concepção mais atual do direito, menos formalista, existe uma preocupação com a maneira pela qual o direito é aceito pelo meio regido por ele e que, por isso mesmo, se interessa pelo modo como o direito funciona na sociedade. O direito não se identifica pura e simplesmente com o conjunto de leis e regulamentos, votados e promulgados em conformidade com critérios que lhes garantem a validade formal. As divergências que sobressaem entre a letra dos textos legais, sua interpretação e sua aplicação não assustam.[313]

---

[310] PISCITELLI, Tathiane dos Santos. *Argumentando pelas consequências no direito tributário*. São Paulo: Noeses, p. 100.
[311] PISCITELLI, Tathiane dos Santos. *Argumentando pelas consequências no direito tributário*. São Paulo: Noeses, p. 100-101.
[312] PERELMAN, Chaïm. *Lógica jurídica*: nova retórica. Tradução de Vergínia K. Pupi, São Paulo: Martins Fontes, 2000, p. 186.
[313] PERELMAN, Chaïm. *Lógica jurídica*: nova retórica. Tradução de Vergínia K. Pupi, São Paulo: Martins Fontes, 2000, p. 186-187.

Considerando-se que a interpretação não é apenas uma atividade mecânica, de simples subsunção, o administrador público, no caso o Coordenador-Geral da Cosit, ao se deparar com problemas tributários, necessita levar em conta não somente o texto da lei. Na atividade de produção de uma Solução de Consulta (SC), deve levar em consideração, também, quais as razões passíveis para justificar uma ou outra interpretação. Neste momento, situa-se no âmbito da justificação das decisões.[314]

Nada impede, no final das contas, que a SC seja apresentada sob a forma de um silogismo, mas tal forma não garante, de modo algum, o valor da conclusão. A decisão pode ser socialmente inaceitável, porque as premissas foram aceitas levianamente. Não é porque a decisão se dará no seio da Administração Pública que inexiste uma pretensão de que o debate jurídico e toda a lógica jurídica se refiram à escolha das premissas que forem mais bem motivadas e suscitem menos objeções.[315]

A racionalidade do ato de argumentar implica olhar para o ordenamento jurídico como uma atividade teleológica. Aqueles que participam da confecção de um estatuto (no caso da consulta tributária, essa atividade pode ser exercida tanto pelo legislador como pelo próprio administrador público, pois a SC pode ter por égide uma norma confeccionada no âmbito da Administração Tributária) ou que apoiam sua promulgação, presume-se que reconhecem a necessidade de se alcançar algum valor na implementação do preceito.[316]

O pressuposto de que a teleologia é importante na interpretação dos atos jurídicos tem a ver com a assunção de que o responsável pela sua elaboração é um ser racional e guiado por um propósito em face dos programas políticos estruturados por algum senso de justiça e bem comum.[317]

Em qualquer caso, não se decide sobre qual o melhor móbil para uma decisão em um vazio. Os valores e outros fatores relevantes para as decisões em Solução de Consulta (SC) estão intrínsecos ao ato normativo.[318] A busca

---

[314] PISCITELLI, Tathiane dos Santos. *Argumentando pelas consequências no direito tributário*. São Paulo: Noeses, p. 102.

[315] PERELMAN, op. cit., p. 243.

[316] MACCORMICK, Neil. *Rhetoric and the rule of law*: a theory of legal reasoning. Oxford University Press, 2005, p. 134.

[317] MACCORMICK, Neil. *Rhetoric and the rule of law*: a theory of legal reasoning. Oxford University Press, 2005, p. 134.

[318] MACCORMICK, Neil. *Rhetoric and the rule of law*: a theory of legal reasoning. Oxford University Press, 2005, p. 188.

do decisor é por esses valores subjacentes, que possibilitarão um juízo mais adequado ao que se pretende com o ordenamento como um todo.

A tarefa do Coordenador-Geral da Cosit não é das mais fáceis, visto que os argumentos interpretativos da lei, além de numerosos, se apresentam consideravelmente complexos (ainda mais quando se fala em legislação tributária). Os diferentes tipos de argumentação levam às mais variadas direções, podendo inclusive serem conflitivas umas com as outras. No caso aqui estudado, somente o administrador poderá chegar a uma conclusão, decidindo no contexto qual interpretação deve prevalecer. Dessa forma, deve haver um estágio de argumentação que sumarize a relativa persuasão no contexto dado e reclame pela propriedade da conclusão alcançada, isso pode ser expressado como a conclusão a respeito da intenção do responsável pela confecção do ato normativo.[319]

A justificação das soluções de consulta, considerando que se referem sempre a casos problemáticos, apela para a universalização dos motivos propostos na solução e na avaliação da proposição universalizada tendo por referência as consequências. Tal interpretação consequencialista visa principalmente o que chamamos de consequências como implicações ou consequências jurídicas, mas também, em alguns contextos, pelo menos, em consequências como resultados práticos ou de comportamento de tomada de decisão.[320]

De todo o exposto até o momento, fica claro que não se tem como avançar em um argumento consequencialista se existe preconceito com relação à utilização de juízos ou valores no momento da decisão jurídica. Claro que esses valores e juízos estão estabelecidos no ordenamento jurídico e não na convicção moral do decisor. Assim, o argumento consequencialista preconiza uma decisão que coaduna com os valores e com o espírito do que está regrado, limitando as possibilidades de decisão do administrador (ou julgador, no caso levado ao judiciário), mas suscitando uma solução mais justa, diante das diversas interpretações geradas.

A exigência de que o juiz não se considere satisfeito em motivar sua decisão de modo aceitável, devendo também apreciar o valor desta decisão,

---

[319] MACCORMICK, Neil. *Rhetoric and the rule of law*: a theory of legal reasoning. Oxford University Press, 2005, p. 137.
[320] MACCORMICK, Neil. *Rhetoric and the rule of law*: a theory of legal reasoning. Oxford University Press, 2005, p. 162.

e julgar se lhe parece justa ou, ao menos, sensata, deve ser transposta ao administrador público.[321] O Coordenador-Geral da Cosit deve, da mesma forma, buscar solucionar a Consulta Tributária do modo que lhe pareça mais justo e sensato, nos termos da legislação vigente.

Sumarizando o raciocínio descrito até o momento, uma aplicação justa da lei não é simplesmente, como afirmaria o positivismo jurídico, o fato de ser conforme o ato normativo, isto é, legal. É bem raro, de fato, que haja apenas um modo de se interpretar a solução legal para um caso concreto – será antes a ideia prévia daquilo que constituirá uma solução justa, sensata, aceitável que guiará o administrador em sua busca de uma motivação juridicamente satisfatória. Mas, em tal caso, a ideia prévia que se forma de uma solução social e moralmente aceita em dado meio não é uma consideração extrajurídica como o queria, por exemplo, a teoria pura do direito, que se esforça para excluir da ciência do direito qualquer juízo de valor. De modo diverso, são os juízos de valor, relativos ao caráter adequado da decisão, que guiam o administrador em sua busca daquilo que, no caso específico, é justo e conforme o direito, subordinando-se normalmente esta última preocupação à precedente. No entanto, esse caráter adequado não será determinado segundo critérios subjetivos, mas de uma maneira intersubjetiva, na medida em que corresponde às preocupações do meio que a deve aceitar.[322]

De acordo com o método positivista, a ideia de uma escolha, de uma decisão, de uma solução razoável, que implique a possibilidade do uso prático da razão, deverá ser excluída. Dessa forma, é necessário ir além da abordagem positivista e buscar um método que ponha em prática uma concepção mais ampla da razão, que detenha uma lógica de juízos de valor que não os faça depender do arbítrio de cada um.[323]

Por inexistirem técnicas unanimemente admitidas, é que se impõe ao administrador o recurso aos raciocínios dialéticos e retóricos, raciocínios que visam estabelecer um acordo sobre os valores e sobre sua aplicação, quando estes são objeto de uma controvérsia.[324] Essas razões estarão sob o

---

[321] PERELMAN, Chaïm. *Lógica jurídica*: nova retórica. Tradução de Vergínia K. Pupi, São Paulo: Martins Fontes, 2000, p. 96.
[322] PERELMAN, Chaïm. *Lógica jurídica*: nova retórica. Tradução de Vergínia K. Pupi, São Paulo: Martins Fontes, 2000, p. 114.
[323] PERELMAN, Chaïm. *Lógica jurídica*: nova retórica. Tradução de Vergínia K. Pupi, São Paulo: Martins Fontes, 2000, p. 137.
[324] PERELMAN, Chaïm. *Lógica jurídica*: nova retórica. Tradução de Vergínia K. Pupi, São Paulo: Martins Fontes, 2000, p.139.

controle da sociedade, pois devem estar expostas na fundamentação dada à solução, na forma de sua justificação.

Vê-se aparecer, assim, o caráter central da noção de acordo, tão desprezada pelas filosofias racionalistas ou positivistas, nas quais o que importa é a verdade de uma proposição, vindo o acordo por acréscimo, uma vez que a verdade foi estabelecida pelo recurso à intuição ou à prova. Recursos esses que não estão presentes na Solução de Consulta (SC). Percebe-se que a noção de acordo se torna fundamental, principalmente porque o objeto de debate na SC não é a verdade de uma proposição, mas o valor de uma decisão, de uma escolha, de uma ação, consideradas justas, equitativas, razoáveis, oportunas, louváveis, ou conformes ao direito.[325]

O consequencialismo jurídico aparece nesse contexto, como uma nova retórica. A nova retórica é o estudo das técnicas discursivas que visam a provocar ou intensificar a adesão de certo público às teses apresentadas.[326]

O argumento pragmático do consequencialismo jurídico não é tão fácil de ser aplicado. Existe um número quase infinito de consequências possíveis a um ato, e escolher a mais justa para o caso é uma questão de parâmetros.[327]

Esses parâmetros são encontrados com a lógica formal, que se dispõe em tornar a conclusão solidária com as premissas. O papel da lógica jurídica é demonstrar a aceitabilidade das premissas. Esta resulta da confrontação dos argumentos e dos valores que se defrontam na aplicação do preceito. O administrador deve efetuar a arbitragem para tomar a decisão e motivar a solução.[328]

A lógica jurídica, apresentada na Solução de Consulta (SC), que se procura discernir, vislumbra-se, em conclusão, não como uma lógica formal, mas como uma argumentação que depende do modo como o administrador concebe sua missão e da ideia que tem do direito e de seu funcionamento na sociedade.[329]

---

[325] PERELMAN, Chaïm. *Lógica jurídica*: nova retórica. Tradução de Vergínia K. Pupi, São Paulo: Martins Fontes, 2000, p.139-140.
[326] PERELMAN, Chaïm. *Lógica jurídica*: nova retórica. Tradução de Vergínia K. Pupi, São Paulo: Martins Fontes, 2000, p. 154.
[327] PERELMAN, Chaïm. *Lógica jurídica*: nova retórica. Tradução de Vergínia K. Pupi, São Paulo: Martins Fontes, 2000, p. 172.
[328] PERELMAN, Chaïm. *Lógica jurídica*: nova retórica. Tradução de Vergínia K. Pupi, São Paulo: Martins Fontes, 2000, p. 243.
[329] PERELMAN, Chaïm. *Lógica jurídica*: nova retórica. Tradução de Vergínia K. Pupi, São Paulo: Martins Fontes, 2000, p. 243

Não há muito como cobrar um desempenho desse administrador quando da confecção da solução de uma consulta tributária, se não existem parâmetros claros para que se possa lidar com as incertezas de modo juridicamente racional. Uma solução deve conseguir responder às análises teóricas sobre as condições de racionalidade de decisões jurídicas. O atributo do "juridicamente racional" se refere, especificamente, ao sucesso de uma determinada decisão jurídica na satisfação dos critérios de adequação definidos pela teoria consequencialista em questão e, especialmente, à possibilidade do controle intersubjetivo desta satisfação no interior de um procedimento jurídico.[330]

Evidentemente que nem todas as consequências são relevantes e podem ser utilizadas como justificação de uma decisão. Não obstante, saber reconhecer que consequências são essas e, mais ainda, incorporá-las ao discurso jurídico tributário pela delimitação de sua extensão material, resultaria em maior segurança aos contribuintes, já que se caberia saber que tipo de argumento se deve combater. Assim, seria possível avaliar a procedência jurídica tributária de uma alegação trazida à tona em uma consulta.[331]

O que parece mais razoável nesse tipo de dilema é que o administrador, e outros implicados, devem olhar para a escolha em termos das suas consequências de um modo ou de outro, em relação à lei.[332] As consequências utilizadas para a definição da adequação dos parâmetros devem ser consequências jurídicas.

As decisões não são justificadas em termos dos efeitos imediatos sobre as partes somente (isso ocorre quando casos difíceis se tornam normas ruins), mas em termos de uma proposição aceitável de norma que cubra o caso presente e fique também disponível para outros casos (portanto, satisfazendo a demanda por justiça que casos como esses detêm).[333] Nesse sentido, ocorre a universalização de uma justificação dada. Uma decisão, nesse viés, só tem sentido se pode ser replicada quando as razões de justificação tornem a aparecer.

---

[330] SCHUARTZ, Luis Fernando. A desconstitucionalização do direito de defesa da concorrência. *Law Review*, v. 106, p. 741-791, 1993, p. 758.
[331] PISCITELLI, Tathiane dos Santos. *Argumentando pelas consequências no direito tributário*. São Paulo: Noeses, p. 118.
[332] MACCORMICK, Neil. *Rhetoric and the rule of law*: a theory of legal reasoning. Oxford University Press, 2005, p. 102.
[333] MACCORMICK, Neil. *Rhetoric and the rule of law*: a theory of legal reasoning. Oxford University Press, 2005, p. 102.

Na verdade, a própria atividade de justificar decisões, dando razões para ela, vai ser a fonte dos tipos de consequências que podem apresentar. Devido à natureza institucional e à definição da prática de solucionar uma consulta, visto que tal prática está devidamente regida pelo menos por um princípio de justiça formal, para tratar casos iguais, decisões de Solução de Consulta (SC) pressupõem razões justificadas universalizáveis. E apenas decisões bem justificadas, por sua vez, podem ser tidas como decisões legítimas.[334] Aliás, não haveria sentido em tornar as decisões de Solução de Consulta vinculadas para toda a Receita Federal do Brasil (RFB), se essas não pudessem ser universalizáveis.

Conforme visto no primeiro Capítulo deste trabalho, MacCormick descreve um caminho a ser trilhado, o qual não necessariamente chegará à utilização de argumentos consequencialistas. Parte-se de uma moldura fixada pelo raciocínio lógico-dedutivo. Em seguida, da análise das várias soluções possíveis para o caso, reclama-se a consistência de cada uma delas. Quer dizer, devem-se demonstrar quais não se contradizem com as regras estabelecidas validamente pelo direito (teste de consistência). Passado esse momento, outra etapa necessária é mostrar que a interpretação em voga se apoia em princípios jurídicos estabelecidos ou em uma razoável estreita analogia com as normas estabelecidas de direito, em que alguns princípios enunciáveis sustentam a relevância da analogia (teste de coerência). No entanto, essas causas de justificação, embora sempre necessárias, não são de forma alguma sempre suficientes ou conclusivas a favor de uma única solução possível para o caso. O ponto conclusivo da argumentação, quando um caso ainda se sustenta aberto após esses testes de consistência e coerência, é uma discussão sobre as consequências em um sentido um pouco diferente do que qualquer outro que tenha sido considerado.[335]

O raciocínio consequencialista no Direito é focado não tanto sobre estimar a probabilidade de mudanças comportamentais, mas sobre a eventual conduta e suas certezas de *status* normativo à luz da decisão sob escrutínio.[336] Se o contribuinte se comporta de uma determinada maneira, a RFB,

---

[334] MACCORMICK, Neil. *Rhetoric and the rule of law*: a theory of legal reasoning. Oxford University Press, 2005, p. 104.
[335] MACCORMICK, Neil. *Rhetoric and the rule of law*: a theory of legal reasoning. Oxford University Press, 2005, p. 104.
[336] MACCORMICK, Neil. *Rhetoric and the rule of law*: a theory of legal reasoning. Oxford University Press, 2005, p. 110.

em face de uma Solução de Consulta, tem uma interpretação da legislação tributária de forma a relevar o agir de um modo específico e universal, pois aplicável a todos que se comportam daquela maneira.

Os argumentos consequencialistas que contam como boas razões para uma decisão jurídica são aqueles cuja preocupação é a de demonstrar a aceitabilidade ou não das consequências lógicas da decisão, que consistem no atributo que toda decisão jurídica possui de introduzir no ordenamento jurídico um padrão normativo de conduta universalizável. Trata-se de uma característica (lógica) das Soluções de Consulta que decorre do princípio da justiça formal.[337]

O conteúdo dos argumentos consequencialistas deve revelar o acerto ou o desacerto da decisão tomada na Solução de Consulta em face das consequências lógicas apresentadas e da sua possibilidade de universalização. O que se busca é o debate sobre as consequências da universalização do padrão decidido no âmbito da SC. Os argumentos consequencialistas buscarão responder à pergunta sobre a aceitabilidade da universalidade da prescrição contida na decisão do Coordenador-Geral da Cosit.[338]

As consequências que devem ser relevadas no processo de justificação da Solução de Consulta (SC) a ser exarada são as que estejam vinculadas ao princípio da universalidade. Justificar uma decisão em SC implica a apresentação de razões universais (ou universalizáveis) em favor da solução dada ao caso concreto, pois, uma vez proferida, a decisão se torna aplicável a todos os contribuintes que se comportarem da maneira descrita na consulta formulada. Assim, todas as decisões seriam universais, por consequência. A SC justificada deve apresentar as razões pelas quais tal universalização é aceitável.[339]

Para os contribuintes que se comportem de modo distinto por algum aspecto da conduta com solução jurídica universalizada na SC, resta um desenlace diverso. A Administração Pública tem, nesses casos, toda a legitimidade para decidir de modo diferenciado, pois se trata de uma exceção à universalização caracterizada anteriormente. Para tal especificidade,

---

[337] PISCITELLI, Tathiane dos Santos. *Argumentando pelas consequências no direito tributário*. São Paulo: Noeses, p. 120.
[338] PISCITELLI, Tathiane dos Santos. *Argumentando pelas consequências no direito tributário*. São Paulo: Noeses, p. 120.
[339] PISCITELLI, Tathiane dos Santos. *Argumentando pelas consequências no direito tributário*. São Paulo: Noeses, p. 24-25.

tão somente com uma nova consulta tributária, o agir da Administração Tributária será uniformizado para aquele comportamento em particular. O que a Administração Tributária não pode é conceber, sob os mesmos fatos operativos, decisões rivais em casos problemáticos. Considerando-se as consequências jurídicas de uma decisão por meio de suas implicações para casos hipotéticos, pode-se aferir se uma decisão compromete a universalização do tratamento dado ao comportamento do contribuinte. As decisões, se não tratadas ou testadas, podem subverter ou falhar no que diz respeito aos valores em jogo, ou tratar com formas errôneas de conduta as que não incluem tal subversão ou fracasso. Qualquer dessas consequências é inaceitável porque provoca injustiças, quer dizer, uma falha na apropriada virtude das instituições legais.[340]

A questão a respeito dos valores particulares apropriados para deliberação do Administrador Tributário praticamente responde a si mesma. Os valores contra os quais é apropriado o teste jurídico das consequências são aqueles que o Direito releva.[341]

O primeiro passo do argumento consistirá no reconhecimento de uma componente consequencialista. A avaliação de decisões requer do administrador público juízos de determinação de consequências para cada decisão possível, bem como juízos comparativos que ordenem, monotonicamente, as decisões possíveis de acordo com sua contribuição à realização dos objetivos normativos postulados, tendo em vista que a teoria é de um consequencialismo jurídico.[342]

Interessante, nesse sentido, aplicar o raciocínio que Schuartz faz para as decisões consequencialistas às Soluções de Consulta Tributária:

> O alcance universal da pretensão de validade que necessariamente acompanha todo juízo consequencialistas restringe-se, no entanto, à sua dimensão descritiva. Da componente normativa do juízo, consistente na ordenação do conjunto de consequências de acordo com critérios e, dependendo das circunstâncias, a sua compatibilização externa com normas e práticas acei-

---

[340] MACCORMICK, Neil. *Rhetoric and the rule of law*: a theory of legal reasoning. Oxford University Press, 2005, p. 114.
[341] MACCORMICK, Neil. *Rhetoric and the rule of law*: a theory of legal reasoning. Oxford University Press, 2005, p. 113.
[342] SCHUARTZ, Luis Fernando. A desconstitucionalização do direito de defesa da concorrência. *Law Review*, v. 106, p. 741-791, 1993, p. 759.

tas como devidas pelos integrantes de uma comunidade jurídica particular. O espaço social para a resolução ou acomodação posterior das divergências, nesse caso, não é mais a ciência, mas a política. Por exemplo, sejam D^1 e D^2 duas alternativas de decisão que geram, respectivamente, as alocações econômicas C^1 e C^2, e suponha-se que C^1 (para uma dada definição de justiça distributiva). Neste caso, uma eventual opção do decisor por D^2 somente será irracional *erga omnes* se, segundo as normas e práticas consideradas como obrigatórias na comunidade jurídica de que é parte o decisor, ou, ainda, segundo as normas tratadas como obrigatórias pelo decisor, o valor que deveria ter orientado a sua decisão for a eficiência e não a justiça distributiva – caso em que quaisquer divergências relativas à adequação de D^2 serão solucionáveis por meio de argumentos econômicos (assumindo-se que todos os dados e informações necessários a um desfecho conclusivo da discussão estarão disponíveis aos participantes da decisão). [343]

Um juízo raso leva a crer que, no caso da decisão de uma Solução de Consulta, sendo esta confeccionada no âmbito da Administração Tributária, os valores escolhidos para servir de parâmetro às decisões consequencialistas estarão mais em conformidade com a necessidade de arrecadação do que com a Justiça Fiscal em si (levando em conta que os dois são valores relevados pelo sistema jurídico brasileiro). Fica como sugestão para uma pesquisa mais aprofundada o viés na escolha desses parâmetros pela Administração Tributária.

Nesse sentido, Shuartz releva ainda a necessidade de legitimidade das normas criadas em face de argumentos consequencialistas. Essas normas serão realmente utilizadas como prescrições jurídicas se cumprirem com algumas condições de eficácia. Para ter eficácia, a Solução de Consulta (SC): (a) deve conter um tratamento que possa ser socialmente generalizado, de modo que seja visto no sentido pragmático como um dever-ser; (b) a atribuição desse sentido pragmático específico implica que se está presumindo que o Coordenador-Geral da Cosit, a quem se imputa a SC, (b.1) pode prestar contas em relação à autorização normativa que lhe confere a legitimidade para prescrever a terceiros como estes deveriam comportar-

---

[343] SCHUARTZ, Luis Fernando. Consequencialismo jurídico, racionalidade decisória e malandragem. *Revista de Direito Administrativo – RDA*, Belo Horizonte, n. 248, maio/ago. 2008, p. 130-158, p. 132.

-se, e (b2) que é capaz de tornar verdadeiro em um número razoável de casos particulares, por si ou por meio de um "aparato coercitivo", o conteúdo semântico associado ao ato de vontade[344]; e (c) a SC, como dever-ser, tem de estar justificada. É interessante notar que, pelos parâmetros adotados, uma Solução de Consulta pode, sim, conter as premissas para que dela surja uma norma válida. O responsável pela confecção da Solução de Consulta é realmente autorizado a determinar como deve ser o comportamento dos demais Auditores Fiscais[345] no que tange à interpretação da lei (b1), e o Coordenador-Geral da Cosit é capaz de dar um "mínimo de eficácia" à interpretação dada, tendo em vista a previsão normativa dos efeitos da norma (b2).[346] A Cosit, responsável pela confecção do parecer a ser aprovado pelo seu Coordenador-geral, é, nos termos discutidos no primeiro Capítulo, um órgão técnico com atribuição e capacidade suficientes para exarar normas tributárias.

A justificação contida na Solução de Consulta é o ponto norteador para se aferir se a norma é ou não universalizável. Para isso, a universalização tem de ser testada em relação às suas consequências, mais particularmente no que respeita às suas consequências jurídicas. Isso envolve a avaliação com relação aos parâmetros adotados como valores ou juízos que se buscam no Direito Tributário.[347] A determinação desses parâmetros se revela como ponto fulcral para a universalização da SC que utilize argumentos

---

[344] Aqui existe um pequeno problema, que não vai ser discutido no âmbito deste trabalho. A IN SRF 1.396, de 16 de setembro de 2013, não estipula nenhuma sanção ao Auditor Fiscal que deixe de cumprir os termos de uma Solução de Consulta (SC). A princípio, mesmo sendo vinculante para a RFB, se não for cumprida a SC, o contribuinte terá que impugnar o ato, dando início ao Processo Administrativo Fiscal, e o servidor não será penalizado por esta insubordinação. Como a mudança que tornou a SC vinculante é muito recente, não se tem como saber se isso está trazendo algum efeito negativo para o seu *enforcement*. Com certeza, é um tema interessante para trabalhos futuros.

[345] IN SRF 1.396, de 16 de setembro de 2013. Art. 9º A Solução de Consulta Cosit e a Solução de Divergência, a partir da data de sua publicação, têm efeito vinculante no âmbito da RFB, respaldam o sujeito passivo que as aplicar, independentemente de ser o consulente, desde que se enquadre na hipótese por elas abrangida, sem prejuízo de que a autoridade fiscal, em procedimento de fiscalização, verifique seu efetivo enquadramento.

[346] SCHUARTZ, Luis Fernando. Consequencialismo jurídico, racionalidade decisória e malandragem. *Revista de Direito Administrativo – RDA*, Belo Horizonte, n. 248, maio/ago. 2008, p. 130-158, p. 142-143.

[347] MACCORMICK, Neil. *Rhetoric and the rule of law*: a theory of legal reasoning. Oxford University Press, 2005, p. 254.

consequencialistas. Na próxima seção, pretende-se trazer à baila quais seriam esses parâmetros adequados.

3.3. O argumento consequencialista na consulta tributária

Muito se falou até este momento sobre a necessidade de se ver o direito como um todo. Por outro lado, viu-se, no primeiro Capítulo deste trabalho, que MacComick defende a utilização de valores relacionados com o ramo do direito discutido na lide. Mesmo parecendo paradoxal, uma ideia não invalida a outra. Aprofundando mais um pouco, partindo da premissa de que o direito é um só, dificilmente ter-se-á uma lide envolvendo tão somente o Direito Tributário. Como bem preleciona Paulo de Barros Carvalho:

> Tomemos o exemplo da regra-matriz de incidência do Imposto Predial e Territorial Urbano (IPTU), de competência dos Municípios. A hipótese normativa, em palavras genéricas, é *ser proprietário, ter o domínio útil ou a posse de bem imóvel, no perímetro urbano do Município, num dia determinado do exercício*. O assunto é eminentemente tributário E o analista inicia suas indagações com o fito de bem apreender a descrição legal. Ser proprietário é conceito desenvolvido pelo Direito Civil. A posse também é instituto versado pelos civilistas e o mesmo se diga do domínio útil. E bem imóvel? Igualmente, é tema de Direito Civil. Até agora, estivemos investigando a matéria tributária, mas nos deparamos apenas com instituições características do Direito Civil. Prossigamos. A lei determina o perímetro urbano do Município é entidade cuidada e trabalhada pelos administrativistas. Então, saímos das províncias do Direito Civil e ingressamos no espaço do Direito Administrativo. E estamos estudando Direito Tributário... E o Município? Que é senão pessoa política de Direito Constitucional interno? Ora, deixemos o Direito Administrativo e penetremos nas quadras do Direito Constitucional. Mas não procuramos saber de uma realidade jurídico-tributária? Sim. É que o direito é uno, tecido por normas que falam do comportamento social, nos mais diferentes setores de atividades e distribuídas em vários escalões hierárquicos. Intolerável desconsiderá-lo como tal.[348]

Claro é que todos esses ramos do Direito não serão necessariamente relevados em uma lide que envolva o preceito concernente ao IPTU. A

---

[348] CARVALHO, Paulo de Barros. *Curso de direito tributário*. 24. ed. São Paulo: Saraiva, 2012, p. 37-38.

celeuma apontará quais os ramos do direito deverão ser levados em consideração e daí quais os princípios deverão estar presentes em uma decisão consequencialista.

Como visto, sendo possível a argumentação consequencialista no direito, em decorrência é possível também na sua parte voltada à tributação. Desse raciocínio se infere que o Direito Tributário realmente pode se utilizar de argumentos consequencialistas. A questão está em se legitimar essa prática de modo que o trabalho do operador do direito fique mais translúcido. Sabendo-se que o Coordenador-Geral da Cosit pode decidir por conta de um argumento consequencialista, o consulente pode trabalhar esse argumento de modo a convencer o administrador pela sua (im) procedência.

Apesar de a inteligência aqui desposada muito se assemelhar com a defendida por Piscitelli em seu livro "Argumentando pelas consequências no direito tributário", existem dois pontos de diferenciação importantes. O primeiro seria o antecedente de Piscitelli. A autora parte do arrazoado de que é necessário entabular uma concepção mais abrangente no que se refere ao objeto do direito tributário para que se possa:

> entender melhor o direito tributário e observar a atividade de justificação das decisões judiciais de forma mais apurada, já que se sabe sobre o que os juízes estão discutindo e, portanto, quais postulações pretendem justificar, em face das consequências relativas à universalização da decisão.[349]

Já, neste trabalho, defende-se que o Direito é um só e, por isso, não há que se buscar justificativas específicas para que se possa utilizar uma argumentação consequencialista em uma Solução de Consulta. Isso ficou claro no primeiro Capítulo quando se discutiu uma Solução de Consulta que decidiu pela tributação de uma Eireli (Empresa individual de responsabilidade limitada) como se pessoa jurídica fosse, não obstante os termos do art. 150 do Regulamento do Imposto de Renda (Decreto n. 3.000/99).[350]

---

[349] PISCITELLI, Tathiane dos Santos. *Argumentando pelas consequências no direito tributário*. São Paulo: Noeses, p. 128.

[350] Solução de Consulta n. 15/2015. EMENTA: SERVIÇOS PROFISSIONAIS – PRESTAÇÃO POR SOCIEDADE, POR EMPRESÁRIO INDIVIDUAL OU POR EMPRESA INDIVIDUAL DE RESPONSABILIDADE LIMITADA – EIRELI –. FORMA DE TRIBUTAÇÃO. Os serviços profissionais (no caso, de contador), em caráter personalíssimo ou não, com ou sem a designação de quaisquer obrigações a sócios ou empregados, se sujeitam à legislação tributária aplicável

Não há porque se buscar uma nova concepção de Direito Tributário para se justificar uma argumentação consequencialista neste ramo do Direito. O ordenamento jurídico é um só e deve ser interpretado sobre as mesmas premissas. Dessa forma, o argumento consequencialista é possível no Direito Tributário não por conta dessa ou de outra concepção, mas porque se trata de direito e, em se tratando de direito, pode-se utilizar o argumento consequencialista jurídico para justificar uma decisão que se quer universalizada.

Contudo, é importante voltarmos um pouco para entender o argumento de Piscitelli. De acordo com a autora, o direito tributário é muito mais do que um conjunto de normas destinado à regulação das formas de instituição, cobrança e fiscalização de tributos:

> Tendo-se essas premissas em vista, a concepção que se defende possível pode ser formulada nos seguintes termos: *o direito tributário consiste na prática normativa relativa à criação, cobrança, fiscalização e pagamento de tributos que se justifica em face da necessidade de os particulares fornecerem meios materiais para o Estado cumprir com suas tarefas básicas, como segurança e ordem interna. Contudo, tendo-se em vista a premissa de que o direito tributário é parte constitutiva do Estado, é defensável afirmar que ele será também um instrumento para a realização dos fins estatais e isso está diretamente conectado com o modelo de Estado constituído.*[351]

Desse conceito de direito tributário, Piscitelli retira duas afirmações. A primeira é a de que o direito tributário se baseia na discriminação de competências tributárias. Isso pode ser visto na Constituição Federal de 1988, que discrimina tanto os tributos que os entes podem instituir[352]

às pessoas jurídicas se forem prestados por uma sociedade. Se prestados individualmente por pessoa física, ainda que cadastrada no CNPJ como empresária individual, se sujeitam à legislação tributária aplicável às pessoas físicas, mesmo que possua estabelecimento em que desenvolve suas atividades e empregue auxiliares. Entretanto, se constituída sob a forma de empresa individual de responsabilidade limitada – EIRELI –, conforme estabelecido pelo art. 980-A da Lei 10.406/2002 – Código Civil Brasileiro, terá suas receitas tributadas nos moldes das demais pessoas jurídicas.

[351] PISCITELLI, Tathiane dos Santos. *Argumentando pelas consequências no direito tributário*. São Paulo: Noeses, 129.

[352] Art. 145. A União, os Estados, o Distrito Federal e os Municípios poderão instituir os seguintes tributos: I – impostos; II – taxas, em razão do exercício do poder de polícia ou pela utilização, efetiva ou potencial, de serviços públicos específicos e divisíveis, prestados ao contribuinte ou postos a sua disposição; III – contribuição de melhoria, decorrente de

como os que são exclusivos de cada um desses entes.[353] Essas disposições garantem que um dos objetivos maiores do direito tributário é arrecadar recursos para que o Estado possa prover os serviços públicos.

A segunda afirmação é a de que o Direito Tributário foi perfectibilizado com o intuito de ajudar na conformação do Estado que se quer, assegurando a justiça fiscal do Estado Democrático de Direito. Para garantir a justiça fiscal no Estado Democrático de Direito, o exercício da competência tributária deve estar vinculado à observância de princípios formais e materiais entabulados constitucionalmente:

> Os objetivos de um Estado Democrático de Direito podem ser realizados em dois níveis: formal e materialmente. Do ponto de vista formal e considerando uma perspectiva exclusivamente tributária, normas que contenham comandos relativos à observância da (i) legalidade, (ii) isonomia, (iii) irretroatividade, (iv) anterioridade e (v) do aspecto objetivo da capacidade contributiva são realizadoras de tais objetivos. Do ponto de vista material e também a partir de uma análise tributária, deve-se indicar como assecuratórias do Estado Democrático de Direito comandos relativos: (i) ao aspecto subjetivo da capacidade contributiva, (ii) à proibição do confisco – que, em verdade, complementa a capacidade contributiva, (iii) à observância da justiça distributiva na determinação dos ônus e bônus da tributação, dado que se revela pela análise específica de alguns princípios (por exemplo, discriminações favoráveis à distribuição de renda) e de bases impositivas (por exemplo, tributação de grandes fortunas).[354]

Não se discorda da autora com relação a esses dois valores resguardados pela Constituição Federal no que concerne ao Direito Tributário. No entanto, releva-se que uma lide tributária dificilmente conterá tão somente conteúdo deste ramo do Direito. Como demonstrado por Paulo de Barros Carvalho, a interpretação jurídica demanda uma imensa gama de precei-

---

obras públicas. § 1º Sempre que possível, os impostos terão caráter pessoal e serão graduados segundo a capacidade econômica do contribuinte, facultado à Administração Tributária, especialmente para conferir efetividade a esses objetivos, identificar, respeitados os direitos individuais e nos termos da lei, o patrimônio, os rendimentos e as atividades econômicas do contribuinte. § 2º As taxas não poderão ter base de cálculo própria de impostos.

[353] Aqui são vários os dispositivos constitucionais: arts. 148, 149, 149-A, 153, 154, 155, 156, 195, etc.
[354] PISCITELLI, Tathiane dos Santos. *Argumentando pelas consequências no direito tributário*. São Paulo: Noeses, p. 190.

tos jurídicos, os quais advêm dos mais variados níveis e múltiplos setores. Assim que, em uma Solução de Consulta Tributária, quando da utilização de argumentos consequencialistas, pode ser que se utilizem valores outros que não somente os relativos ao ramo do Direito Tributário.

A ideia dos parâmetros de uma argumentação consequencialista para o Direito Tributário, justiça fiscal e necessidade de arrecadação, não é de forma alguma desprezível. É provável, não foi feita uma análise a respeito, que esses sejam os critérios mais utilizados. O que se defende é que não são os únicos. Quer dizer, uma Solução de Consulta não deixa de ser legítima por justificar suas razões em argumentos consequencialistas, em valores outros que não os relativos diretamente ao Direito Tributário. Aliás, quando se pensa em benefícios fiscais, o escopo se amplia bastante, pois o que justifica um benefício é exatamente o valor subjacente a sua concessão. Esse valor pode ser remetido indiretamente ao princípio da igualdade, mas se coaduna de forma mais direta com outros valores jurídicos que permeiam nosso ordenamento.

Não se trata de defender uma postura política do administrador ou do julgador. Argumentar pelas consequências jurídicas que uma Solução de Consulta (SC) vai acarretar em prol dos valores imanentes ao ordenamento não é fundamentar em razões políticas. É um argumento jurídico que pode ser incorporado às razões de decidir e, assim, fazer parte da justificação da SC. Esse aspecto restará bem caracterizado na próxima seção, quando serão analisadas algumas Soluções de Consultas que se utilizaram de argumentos próximos aos consequencialistas em suas justificações. Essas soluções foram selecionadas de uma análise feita sob as 642 Soluções de Consulta exaradas entre 1º de janeiro de 2012 e 30 de junho de 2015.

3.4. Exemplos de Soluções de Consulta sob a ótica do argumento consequencialista

Nessa seção busca-se demonstrar o que foi dito até o momento em Soluções de Consulta (SC) já publicadas. O que é dificultado por não existirem muitas SC que se utilizam de argumentos consequencialistas jurídicos, provavelmente por conta da falta de compreensão do administrador público do concebível no papel de aplicador do direito. Se, como notado por Piscitelli, existe ainda aversão ao emprego de argumentos consequencialistas no processo judiciário, que dirá em um processo administrativo, como o de Solução de Consulta Tributária.

Conforme já relevado anteriormente, mostrar o argumento consequencialista como crível na decisão de Solução de Consulta não é dar ao Coordenador-Geral da Cosit uma carta branca para escolher o deslinde que mais lhe aprouver. O fito é fazer com que os valores trazidos para a solução de um caso mais difícil, quando o ordenamento traz mais de uma maneira para resolver a questão da aplicação da lei, sejam intersubjetivos, levando em consideração a sociedade em que se apresentam, o que só é concebível se partirem de uma escolha não do aplicador, mas do ordenamento jurídico como um todo.

3.4.1. Servidão administrativa e indenização recebida

Esta primeira Solução de Consulta é a de n. 63, de 3 de março de 2015, e trata-se de interpretação acerca da legislação do Imposto sobre a Renda Pessoa Física (IRPF).

O consulente é proprietário de um imóvel que será utilizado como passagem de linha de transmissão de energia elétrica, mediante a constituição de servidão administrativa. Em razão desse fato, o consulente recebeu um valor referente ao *"pagamento pela servidão e pelas restrições impostas"*, conforme cláusula específica do contrato celebrado entre as partes. A questão que sobressai é: incide o IRPF (Imposto de Renda Pessoa Física) sobre esse pagamento?

Percebe-se que existem argumentos razoáveis tanto para a incidência como para a não incidência do IRPF. Tudo a depender do conceito de renda e da sua abrangência.

Para justificar sua decisão, o administrador inicia conceituando o instituto da servidão administrativa e fundamentando sua existência na função social da propriedade (Carta Magna, arts. 5º, inciso XXIII, e 170, inciso III).

Em seguida, traz o art. 43 do CTN, que define o fato gerador do Imposto de Renda, dispondo sobre a questão de o Código colocar, no campo de incidência do imposto em questão, todos os acréscimos patrimoniais e não apenas aqueles que se amoldam ao conceito de renda. E releva que, como não houve perda da propriedade e sim a imposição de restrições a seu domínio, restou configurado o acréscimo patrimonial.

Até este momento, somente o raciocínio de subsunção foi utilizado para caracterizar a incidência do imposto. Contudo, percebe-se consistência, pois a solução não contradiz nenhuma outra proposição. E também se percebe coerência, pois, em conjunto, as proposições têm sentido, quer dizer, não houve perda de propriedade, mas a imposição de restrições a seu domínio. O ponto é que, da alegação de restrição do domínio, pode-se inferir que houve uma forma de se fazer desvalorizar o patrimônio, o que também seria consistente e coerente. Falta alguma coisa para que se torne indubitável a incidência do IRPF.

Vê-se então o apelo ao argumento consequencialista jurídico, bem ao gosto de Piscitelli, pois realça a necessidade de arrecadação:

> 13. Deve-se destacar que o imposto de renda é informado pelo princípio constitucional da universalidade (art. 153, § 2º, inciso I, da Constituição Federal), pelo qual todos os tipos de renda e proventos se subordinam à incidência do mencionado tributo. O conteúdo deste princípio se reflete nos arts. 37 e 38 do Decreto n. 3.000, de 26 de março de 1999 (Regulamento do Imposto de Renda – RIR/1999), abaixo transcritos, *in verbis*:
>
> Art. 37. Constituem rendimento bruto todo o produto do capital, do trabalho ou da combinação de ambos, os alimentos e pensões percebidos em dinheiro, os proventos de qualquer natureza, assim também entendidos os acréscimos patrimoniais não correspondentes aos rendimentos declarados (Lei n. 5.172, de 1966, art. 43, incisos I e II, e Lei n. 7.713, de 1988, art. 3º, § 1º).
>
> Parágrafo único. Os que declararem rendimentos havidos de quaisquer bens em condomínio deverão mencionar esta circunstância (Decreto-Lei n. 5.844, de 1943, art. 66).
>
> Art. 38. A tributação independe da denominação dos rendimentos, títulos ou direitos, da localização, condição jurídica ou nacionalidade da fonte, da origem dos bens produtores da renda e da forma de percepção das rendas ou proventos, bastando, para a incidência do imposto, o benefício do contribuinte por qualquer forma e a qualquer título (Lei n. 7.713, de 1988, art. 3º, § 4º).
>
> Parágrafo único. Os rendimentos serão tributados no mês em que forem recebidos, considerado como tal o da entrega de recursos pela fonte pagadora, mesmo mediante depósito em instituição financeira em favor do beneficiário.
>
> 14. Ou seja, todas as rendas auferidas, bem como todas as pessoas, sujeitam-se ao imposto, independentemente da denominação dos rendimentos. Escapam do alcance do tributo tão somente os rendimentos para os quais haja norma de imunidade, isenção ou não incidência.
>
> 15. Dito isso, tem-se que o imposto sobre a renda alcança, *prima facie*, os rendimentos decorrentes de indenizações. Sendo assim, a eventual não tributação pelo imposto de renda de determinado pagamento de indenização só se opera através de regra desonerativa que contemple aquela **hipótese específica.**

O princípio constitucional da universalidade das rendas a serem arrecadadas fala da competência que a União tem para chegar a todo e qualquer tipo de renda. Argumento consequencialista jurídico: a União deve arrecadar.

Em seguida, a decisão volta para o aspecto da subsunção e fixa a incidência do art. 111 do Código Tributário Nacional (CTN) e do § 6º do art. 150 da Constituição Federal (CF/88) para relevar a necessidade de lei específica no caso de isenções.

Por último, a decisão torna ao art. 38 do Regulamento do Imposto de Renda/99, para demonstrar que essa verba em si foi considerada como tributável.

Com essa justificação, a Solução de Consulta conclui pela incidência de IRPF sobre o valor recebido por conta da constituição de servidão administrativa, tendo em vista o princípio da universalidade das rendas demandar que, sobre todas elas, incida o referido imposto. O seu caráter universal está claro, dado que a mesma justificação pode ser repetida para todo pagamento desse tipo.

3.4.2. Rescisão de contrato de trabalho e indenização recebida

Na Solução de Consulta n. 48, de 26 de fevereiro de 2015, o que se esclarece é a incidência do IRPF sobre os valores recebidos a título de indenização de estabilidade, por ocasião da rescisão de contrato, sem justa causa, no período de estabilidade garantido por convenção coletiva de trabalho homologada pela justiça do trabalho.

A fundamentação se inicia evidenciando o disposto no inciso XX do art. 39 do Regulamento do Imposto sobre a Renda (RIR/1999), que trata dos rendimentos isentos e não tributáveis em razão de despedida ou rescisão de contrato de trabalho. Do disposto no inciso, assenta-se que são necessários dois elementos para que a indenização recebida não sofra incidência: ter origem imediata na rescisão do contrato de trabalho e, mediata, na lei ou no instrumento coletivo.

O cerne da questão se encontra no instrumento normativo que assegura a estabilidade, uma convenção coletiva de trabalho. Apesar de o RIR/1999 proteger essas verbas da incidência do IRPF, na mesma medida em que a assegurada por lei, a Lei n. 7.713, de 22 de dezembro de 1988, que dá égide ao dispositivo do regulamento, somente faz referência aos valores garantidos por "lei".

Para conseguir resolver a celeuma, a decisão recorre aos valores do trabalho preconizados na Constituição Federal:

12. De se notar que a base legal desse dispositivo – art. 6º, inciso V, da Lei nº 7.713, de 22 de dezembro de 1988 – faz referência apenas aos valores garantidos por "lei". O regulamento, entretanto, esclarece o conteúdo dessa prescrição, reconhecendo peculiaridade do direito trabalhista, onde as fontes normativas incluem também as convenções e acordos coletivos. Com efeito, a Constituição Federal atribui dignidade a esses instrumentos, ao garantir aos trabalhadores o reconhecimento das convenções e acordos coletivos de trabalho (CF, art. 7º, I e XXVI), bem como o direito à estabilidade no emprego:
Art. 7º São direitos dos trabalhadores urbanos e rurais, além de outros que visem à melhoria de sua condição social:
I – relação de emprego protegida contra despedida arbitrária ou sem justa causa, nos termos de lei complementar, que preverá indenização compensatória, dentre outros direitos;
XXVI – reconhecimento das convenções e acordos coletivos de trabalho; (...).
13. Daí decorre que toda rescisão do contrato de trabalho não amparada em justa causa é considerada ofensiva do direito ao trabalho e sujeita ao pagamento de indenização compensatória. A Consolidação das Leis Trabalhistas – CLT (Decreto-Lei nº 5.452, de 1º de maio de 1943), no capítulo relativo à estabilidade, assim prevê: Art. 496 – Quando a reintegração do empregado estável for desaconselhável, dado o grau de incompatibilidade resultante do dissídio, especialmente quando for o empregador pessoa física, o tribunal do trabalho poderá converter aquela obrigação em indenização devida nos termos do artigo seguinte.

É no sentido de proteger o direito ao trabalho que a Solução de Consulta decidiu pela não incidência do IRPF sobre o valor recebido a título de indenização por rescisão, sem justa causa, de contrato de trabalho, no período de estabilidade garantido por convenção coletiva de trabalho homologada pela justiça do trabalho.

Apesar de, à primeira vista, visualizar-se uma solução com teor consequencialista, essa Solução de Consulta, em verdade, não passou no primeiro teste do caminho traçado por MacCormick – o da consistência. Os seus termos contradizem outros preceitos do ordenamento jurídico.

O art. 111 do Código Tributário Nacional (CTN) preconiza que a interpretação deve ser literal nos casos de suspensão ou exclusão do crédito tributário, outorga de isenção e dispensa do cumprimento de obrigações acessórias.[355] Não obstante alguns doutrinadores entenderem ser inócuo esse preceito,[356] existe doutrina conscienciosa que admite um sentido para a norma. Afinal, não deve existir lei inócua.

Bustamante, por exemplo, inspirado em Hart, na sua concepção sobre a textura aberta do Direito, propõe que a melhor interpretação para a norma contida no art. 111 do CTN seria a de que:

> Interpretação literal é toda aquela que, tendo como base o núcleo incontroverso dos enunciados normativos estabelecidos pelo legislador e como limite instransponível o conjunto de todos os sentidos compreendidos na zona de penumbra ou incerteza desses enunciados, estabelece uma norma jurídica obrigatória à luz de um caso concreto ou de um conjunto de casos semelhantes.[357]

---

[355] Lei n. 5.172, de 25 de outubro de 1966. Art. 111. Interpreta-se literalmente a legislação tributária que disponha sobre: I – suspensão ou exclusão do crédito tributário; II – outorga de isenção; III – dispensa do cumprimento de obrigações tributárias acessórias.

[356] Paulo de Barros Carvalho entende pela inocuidade desse dispositivo em face das diversas significações que um dispositivo pode sugerir. "O desprestígio da chamada interpretação literal, como critério isolado de exegese, é algo que dispensa meditações mais sérias, bastando arguir que, prevalecendo como método interpretativo do direito, seríamos forçados a admitir que os meramente alfabetizados, quem sabe com o auxílio de um dicionário de tecnologia jurídica, estariam credenciados a elaborar as substâncias das ordens legisladas, edificando as proporções do significado da lei. O reconhecimento de tal possibilidade roubaria à Ciência do Direito todo o teor de suas conquistas, relegando o ensino universitário, ministrado nas faculdades, a um esforço estéril, sem expressão e sentido prático de existência. Daí por que o texto escrito, na singela conjugação de seus símbolos, não pode ser ais que a porta de entrada para o processo de apreensão da vontade da lei; jamais confundida com a intenção do legislador. O jurista, que nada mais é do que o lógico, o semântico e o pragmático da linguagem do direito, há de debruçar-se sobre os textos, quantas vezes obscuro, contraditórios, penetrados de erros e imperfeições terminológicas, para construir a essência dos institutos, surpreendendo, com nitidez, a função da regra, no implexo quadro normativo. E, à luz dos princípios capitais, que no campo tributário se situam no nível da Constituição, passa a perceber a plenitude do comando expedido pelo legislador, livre de seus defeitos e apto para produzir as consequências que lhe são peculiares". CARVALHO, Paulo de Barros. *Curso de direito tributário*. 24. ed. São Paulo: Saraiva, 2012, p. 119.

[357] ALVES, Henrique Napoleão; BUSTAMANTE, Thomas da Rosa de. A interpretação literal no direito tributário brasileiro: uma proposta de interpretação para o artigo 111 do CTN. In: ÁVILA, Humberto. *Questões fundamentais de direito tributário*. Madrid: Marcial Pons, 2012, p. 18.

Fácil perceber que, no caso, o núcleo incontroverso § 6º do art. 150 da Constituição Federal,[358] torna impossível se concluir por uma isenção sob a égide de um Decreto.

3.4.3. A utilização de crédito de precatório para compensar administrativamente débitos relativos a tributos administrados pela RFB

A Solução de Consulta n. 101, de 3 de abril de 2014, versa sobre consulta feita a respeito da possibilidade de lançamento na escrita fiscal de créditos escriturais de precatório, na forma do art. 30 da Lei n. 12.431/2011, para apuração do valor devido a título das contribuições para o PIS/Pasep e da Confins, de que tratam as Leis 10.637/2001 e 10.833/2003.

Na sua fundamentação, a decisão releva que a espécie de compensação a que o consulente alude tem égide nos §§ 9º e 10º do art. 10 da Constituição Federal (CF/88), incluídos pela Emenda Constitucional (EC) n. 62,[359] de 2009, e que nesses dispositivos resta claro que a indigitada compensação deverá ser feita no âmbito do Tribunal.

Com o fulcro de deixar indubitável a leitura feita, a decisão reclama a necessidade de se salvaguardarem os interesses da Fazenda Pública, o que seria um valor constitucional:

> 8. Percebe-se com isso que a EC n. 62, de 2009, ao acrescentar os §§ 9º e 10 ao art. 100 da CF/88 o fez com o nítido propósito de salvaguardar os interesses da fazenda pública. Nesse sentido, antes da expedição dos precatórios, verifica-se a existência de eventuais débitos (líquidos e certos, inscritos ou não em dívida ativa) constituídos pela fazenda pública devedora contra o autor da ação, com o intuito de que seja pago ao credor do precatório valor líquido do montante por este devido à respectiva fazenda pública.

---

[358] BRASIL. Constituição (1988). Constituição da República Federativa do Brasil. Brasília, DF: Senado, 1988. Art. 150, § 6º. Qualquer subsídio ou isenção, redução de base de cálculo, concessão de crédito presumido, anistia ou remissão, relativos a impostos, taxas ou contribuições, só poderá ser concedido mediante lei específica, federal, estadual ou municipal, que regule exclusivamente as matérias acima enumeradas ou o correspondente tributo ou contribuição, sem prejuízo do disposto no art. 155, § 2º, XII, g.

[359] Aqui não poderia ser discutida a constitucionalidade da EC, visto que a Administração Pública não tem competência para tanto. A decisão do STF sobre a inconstitucionalidade da Emenda Constitucional nas ADIs 4357 e 4425 determinou válida as compensações feitas até 25/03/2015, data muito posterior à da indigitada Solução de Consulta.

9. Desse modo, para que o ente federado não quite sua dívida com o beneficiário do precatório antes que este o faça em relação aos débitos para com aquele, opera-se a compensação na origem, visando assim à preservação do erário público.

Conclui a Solução de Consulta destacando que não existe previsão na Lei n. 12.431/2011 para que detentores de precatório contra a União compensem seus débitos tributários administrativamente com créditos de precatório.

É importante perceber que, apesar da falta de lei que permita a compensação dos créditos, uma autorização constitucional seria o bastante para suprir a falta do ato normativo. Assim, também seria consistente e coerente com o sistema jurídico como um todo entender pela compensação dos precatórios com eventuais débitos do contribuinte. O procedimento disposto no §10 do art. 100[360] não necessariamente é um fator que impede a compensação, tendo em vista a possibilidade de o precatório já reunir as condições estabelecidas no §9º, podendo-se, nesses casos, concluir por uma compensação administrativa.

Percebe-se que a interpretação dos §§ 9º e 10 do art. 100 da CF/88 foi dada em face da preservação do erário público, um valor maior do ordenamento jurídico, que se releva com a própria criação da figura dos precatórios. Novamente, a justificação é universalizável, tendo em vista que a interpretação proposta pode se repetir para todos os casos de compensação administrativa de precatórios relativos a débitos tributários com a RFB, com fulcro nos §§ 9º e 10 do art. 100 da CF/88.

3.4.4. A pena de cassação de administrador de recinto alfandegado

Trata-se da Solução de Consulta Interna n. 21, de 14 de setembro de 2012, decidida em face de consulta da Coordenação-Geral de Administração Aduaneira (Coana).[361] A indagação da consulente concerne à vigência da

---

[360] BRASIL. Constituição (1988). Constituição da República Federativa do Brasil. Brasília, DF: Senado, 1988. Art. 100, § 10º. Antes da expedição dos precatórios, o Tribunal solicitará à Fazenda Pública devedora, ara resposta em até 30 (trinta) dias, sob pena de perda do direito de abatimento, informação sobre os débitos que preencham as condições estabelecidas no § 9º, para os fins neles previstos.

[361] A Coana é um órgão da Receita Federal do Brasil (RFB), ao qual compete (Regimento Interno da RFB – Portaria MF n. 203/2012, art. 129): I – gerenciar as atividades relativas à

penalidade de cassação de concessão do art. 76, inciso III e §2º da Lei 10.833, de 2003, aos administradores de recintos alfandegados.

O questionamento decorreu da publicação da Lei n. 12.350, de 2010, que resultou da conversão da Medida provisória n. 497, cujo artigo 37 fixou como penalidades cabíveis ao responsável pela administração de local ou recinto alfandegado: advertência ou suspensão, nos casos em que estabelece.

A Coana argumentou que a penalidade de cassação havia sido abolida e que, dessa forma, a partir da vigência da Lei n. 12.350, de 2010, somente as penalidades de advertência ou de suspensão poderiam ser aplicadas. Assim é que, em face do disposto no art. 106, II, "c", da Lei n. 5.172, de 1966 (Código Tributário Nacional), não se poderia mais aplicar a penalidade de cassação a partir da vigência da lei.

Em sua fundamentação, é fixado, na Solução de Consulta, que o art. 76 da Lei n. 10.833, de 2003, é norma primária que prevê sanções aos interve-

administração aduaneira; II – gerenciar as atividades de fiscalização dos tributos e direitos comerciais incidentes no comércio exterior, de aplicação de procedimentos e rotinas fiscais na habilitação de importadores e exportadores para operar no Siscomex, de controle de internação de mercadorias de áreas aduaneiras especiais e de controles domiciliares de regimes aduaneiros especiais; III – coordenar e supervisionar as atividades relativas à classificação fiscal de mercadorias, inclusive quanto ao desenvolvimento e implementação de nomenclaturas que tenham por base o Sistema Harmonizado de Designação e de Codificação de Mercadorias; IV – executar as investigações sobre origem de mercadorias; V – coordenar o relacionamento da RFB com outros órgãos da administração pública e entidades privadas relativamente a matérias de interesse aduaneiro; VI – instaurar processos e executar rotinas relativas à aplicação da legislação tributária, aduaneira e de defesa comercial no Siscomex, à eliminação da dupla cobrança da Tarifa Externa Comum e à distribuição da renda aduaneira no Mercosul; VII – planejar e avaliar a infraestrutura e segurança de locais e recintos onde se encontrem mercadorias procedentes do exterior ou a ele destinadas, recursos humanos e materiais da administração aduaneira; VIII – planejar e avaliar as atividades, recursos e tecnologias relativos à vigilância e repressão aduaneira; IX – coordenar e elaborar, em sua área de competência, projetos de atos administrativos, regulamentares e normativos, de atos normativos de consolidação, sistematização e regulamentação da legislação aduaneira e de manuais de orientação; (Redação dada pela Portaria MF n. 512, de 2 de outubro de 2013); X -gerenciar as atividades relativas às operações aéreas desenvolvidas pela RFB; XI – assessorar o Subsecretário de Aduana e Relações Internacionais na formulação e avaliação da política de controle aduaneiro e de integração com outros órgãos governamentais que intervenham no comércio exterior; XII – analisar as proposições e estudos de natureza aduaneira apresentados por entidades governamentais, empresariais e sociais; e XIII – subsidiar a Procuradoria-Geral da Fazenda Nacional – PGFN e a Advocacia-Geral da União – AGU, na defesa dos interesses da Fazenda Nacional e da União em matéria aduaneira.

nientes de comércio exterior, dentre os quais se inclui o administrador de recinto alfandegado. O art. 735 do Regulamento Aduaneiro – RA (Decreto n. 6.759, de 2009) corrobora o estabelecido na Lei 10.833, de 2003, pois também reclama a aplicação de cassação.

Entabula-se também que o art. 675 do RA preceitua as penalidades no âmbito aduaneiro, as quais têm por escopo a fiscalização aduaneira. Nesse sentido, essas penalidades incidem sobre todos os seus intervenientes e, por se tratar de um sistema fiscalizatório, a falta de uma sanção a algum destes pode gerar uma reação em cadeia que prejudica o todo.

Por outro lado, o art. 76 da Lei n. 10.833/2003 não sofreu derrogação expressa (como exige, quando cabível, o art. 9º da Lei Complementar n. 95, de 1988). Também não foi tácita a derrogação, pois nenhuma norma passou a regrar a matéria de forma distinta.

A Exposição de Motivos[362] da MP n. 497/2010, convertida na Lei n. 12.350, de 2010, explica que a inovação legislativa tem por escopo atualizar

---

[362] Exposição de Motivos EMI n. 111 /MF/MP/ME/MCT/MDIC/MT, de 23 de julho de 2010:
22. A medida proposta sobre as normas de alfandegamento, dos arts. 12 ao 17, atende, ainda, matérias constantes dos seguintes compromissos internacionais assumidos pelo Brasil:
a) as normas do International Ship and Port Facility Security Code – ISPS-Code;
b) as exigências da Organização Mundial de Aduanas constantes dos documentos intitulados WCO SAFE Framework of Standards e Customs in the 21st Century, os quais têm como pressupostos quatro elementos fundamentais (transmissão antecipada de informações por via eletrônica; gerenciamento de riscos – critérios de determinação de análise de risco e seleção fiscal; e inspeção de contêineres e cargas utilizando equipamentos de inspeção não-invasiva; dos quais decorrem as diversas recomendações);
c) a Garantia n. 7 prestada à Fédération Internationale de Football Association – FIFA, para fins de realização da Copa das Confederações de 2013 e a Copa do Mundo de 2014 no Brasil, tanto no que tange à segurança como à celeridade no despacho aduaneiro.
23. Esses padrões internacionais – ISPS-Code, WCO SAFE Framework of Standards e Customs in the 21st Century – acima mencionados têm como objetivo a harmonização das medidas de celeridade necessárias ao bom desempenho e fluxo contínuo de mercadorias no comércio exterior, com padrões de segurança que garantam um controle aduaneiro eficaz da cadeia logística internacional de suprimentos.
24. Para elaboração deste Projeto de Medida Provisória também foi considerado o disposto na Lei de Segurança Portuária dos Estados Unidos da América – HOUSE RESOLUTION 1, segundo a qual, a partir de 1º de julho de 2012, estará proibido o ingresso em território norte-americano de contêiner embarcado em porto estrangeiro que não tenha sido examinado por equipamento de inspeção não-invasiva de imagem.
25. Diante desses fatos, tornou-se necessário efetuar uma atualização dos requisitos técnicos e operacionais para a efetivação do alfandegamento dos locais e recintos onde ocorram, sob

as normas de alfandegamento, visando ao atendimento de padrões internacionais de segurança no despacho aduaneiro. Como o verbo utilizado na exposição de motivos foi "atualizar", o que se queria não era "alterar". Bem assim, a justificativa 22, alínea "b", da Exposição de Motivos demonstrou que a inovação legislativa teria sido para aumentar o nível da fiscalização aduaneira.

Dentro desse contexto, a Lei n. 12.350/2010 se aplicaria somente no caso de descumprimento de requisitos técnicos para o alfandegamento, previstos na própria lei. Restando as sanções do art. 76 da Lei n. 10.833/2003 para os demais casos. Aqui, o teste da consistência, pois se demonstra que não existe contradição entre as diferentes proposições.

Nessa ocasião, o administrador interrompe o raciocínio para explicar como é importante a interpretação feita até o momento para que se consiga atingir o que a Constituição Federal reserva para o direito aduaneiro:

> 5.3. Discussões à parte acerca da autonomia ou não (fala-se aqui autonomia didática, pois o direito é uno) do direito aduaneiro, ele não deixa de ser um ramo que não pode ser interpretado pelos princípios do direito tributário, apenas.
>
> 5.4. O direito aduaneiro tem como objetivo fundamental o controle sobre o comércio exterior, com base no art. 237 da CRFB, de 1988. Sua função principal é a proteção à economia nacional, evitando concorrência desleal da produção estrangeira com a nacional ou mesmo entre importadores. Ademais, possui objetivos de proteção ao mercado nacional, englobando objetivos tão díspares como a proteção à saúde ou ao meio ambiente. O seu ponto principal é o exercício pleno do poder de polícia. Ele tem importantes pontos de interseção com o tributário, pois é por intermédio deles que se realiza

controle aduaneiro, movimentação, armazenagem e despacho aduaneiro de mercadorias procedentes do exterior.
26. Cabe salientar que nos próximos sete anos o Brasil será palco dos dois maiores eventos esportivos mundiais, a Copa do Mundo de 2014 e as Olimpíadas de 2016, razão pela qual há que se buscar a modernização dos portos brasileiros, observando uma estrutura mínima necessária para a garantia da segurança nacional, sem perda da eficiência do controle aduaneiro.
27. A proposta relativa às normas de alfandegamento concede, ainda, o prazo de dois anos para que os requisitos mais onerosos sejam implementados. Esse prazo, contado a partir da definição de requisitos técnicos pela Secretária da Receita Federal do Brasil, é suficiente para que, em 2013, quando o Brasil sediar a Copa das Confederações, já esteja com os seus portos equipados com equipamentos de segurança e facilitação do despacho, exigidos pelos padrões internacionais.

primordialmente as funções anteriores, mas a sua interseção é maior com o direito administrativo.

5.5. Nas sanções aqui discutidas, mormente as de cassação de concessão ou permissão, tais fatos se dão pelo desrespeito de condutas dos permissionários e concessionários necessárias à correta fiscalização aduaneira. O art. 76 da Lei n. 10.833/03 possui esse escopo fundamental.

A Solução de Consulta (SC) arremata reclamando que as disposições da Lei n. 8.987/95, que dispõe sobre o regime de concessão e permissão de prestação de serviço público, fixam a precariedade da permissão (art. 40) e a possibilidade da extinção da concessão em face da caducidade (art. 38, §1º). Teste da Coerência – as diferentes proposições fazem sentido como um todo, não havendo como se concluir pela extinção da penalidade de cassação.

Retornando aos argumentos consequencialistas jurídicos, essa SC postula a proteção de um valor distinto dos vistos até o momento, que seria o da proteção à *"economia nacional, evitando concorrência desleal da produção estrangeira com a nacional ou mesmo entre importadores"*. E a sua justificação claramente possibilita a sua universalidade, pois permanece a penalidade de cassação nas situações previstas no art. 76 da Lei n. 10.833, de 2003.

É importante diferenciar essa última Solução de Consulta (SC) das três primeiras apresentadas. Numa análise superficial, poderia ser postulado que aqui também se utilizou um valor distinto dos dois preconizados por Picitelli – justiça fiscal e necessidade de arrecadação–, mas não é o caso. Essa SC, em particular, versa sobre a interpretação da legislação aduaneira,[363] enquanto a autora defende as premissas para a interpretação da legislação tributária.

O motivo de se trazer essa SC foi mostrar que a argumentação consequencialista não vale para a interpretação tão somente de leis concernentes ao direito tributário. Ilação que já foi feita anteriormente: o que vale para a aplicação do direito, vale para todos os seus ramos e, por isso,

---

[363] O art. 1º da IN RFB n. 1.393/2013 fala do escopo da consulta: Art. 1º Esta Instrução Normativa trata dos processos administrativos de consulta sobre interpretação da legislação tributária e aduaneira relativa aos tributos administrados pela Secretaria da Receita Federal do Brasil (RFB) e sobre classificação de serviços, intangíveis e outras operações que produzam variações no patrimônio.

a argumentação consequencialista é perfeitamente cabível para a aplicação da legislação aduaneira.

Interessante perceber que a justificação por meio de argumentos consequencialistas jurídicos poderá ser feita em qualquer Solução de Consulta, mesmo nas que versam sobre legislação aduaneira.

CONCLUSÕES

O caráter da Solução de Consulta (SC) foi modificado com a publicação da IN RFB n. 1.393, de 2013. A partir da edição desse preceito, a Solução de Consulta passou a ser vinculante para os órgãos da Receita Federal do Brasil (RFB), e a sua natureza jurídica, agora, é de uma decisão administrativa do tipo normativo, em que o âmbito de validade, circunscrição, equivale à própria RFB.

O trabalho aqui desenvolvido pretendeu trazer maior compreensão a respeito dessa decisão em SC. Como a Teoria de MacCormick foi toda desenvolvida com base nos precedentes judiciais no sistema do *common law*, fez-se uma analogia com esses precedentes, demonstrando-se o paralelo que existe entre os dois tipos de juízo.

Da mesma forma que os precedentes, a SC também pode ser vista como uma aplicação da lei ao caso concreto. A diferença é que só pode haver uma consulta nos casos em que a aplicação se mostre problemática. Nesses casos, as possibilidades de solução, normalmente, são diversas, tornando relevante a tarefa de justificação.

A justificação é que identifica as razões que levaram a uma determinada escolha de decisão.

Durante muito tempo, o silogismo jurídico foi preconizado na atividade de interpretação do aplicador da lei, no entanto, nos dias de hoje, já se tem como insatisfatória essa forma de hermenêutica. Dentro desse quadro, mostra-se indubitável a necessidade de se evidenciar a argumentação jurídica que embasa uma decisão. Diante de vários caminhos que podem ser tomados – sendo certo que o positivismo não basta, somente por meio de uma argumentação convincente, especificando o raciocínio jurídico esposado –, é que o consulente pode se ter por convencido de que a solução não resulta de uma posição arbitrária.

Esse caminho escolhido e justificado deve ser universal. Isso porque uma decisão de Solução de Consulta (SC) para um dado caso concreto deve servir para todos os atos que detenham as mesmas peculiaridades e que lhe sejam supervenientes. A universalização é aqui um pré-requisito para que se atinja a vinculação no âmbito da RFB.

Uma forma válida de argumentação é a que vislumbra o ordenamento jurídico reconhecendo a necessidade de se alcançar algum valor na implementação do preceito. Bem assim, a justificação das SCs deve apelar para a universalização do raciocínio jurídico desenvolvido e a avaliação da proposição, tendo por referência as consequências.

Para que se utilize um argumento consequencialista, não pode persistir o preconceito com relação à utilização de juízos ou valores no momento da decisão, sendo certo que esses valores e juízos, os quais serão perseguidos na argumentação consequencialista, devem estar estabelecidos no próprio ordenamento jurídico.

Saber reconhecer as consequências relevantes para uma decisão e incorporá-las ao discurso jurídico tributário resulta em maior segurança aos contribuintes. Primeiro, porque se saberá que tipo de argumento se deve combater e, segundo, porque será possível avaliar a procedência jurídica de uma alegação trazida à tona em uma consulta.

No que concerne à utilização da argumentação consequencialista no âmbito do direito tributário, este trabalho se diferencia da inteligência desposada por Piscitelli em dois pontos importantes.

O primeiro é que a autora entende ser necessária uma concepção mais abrangente de direito tributário para que se possa buscar os valores e juízos a serem alcançados nesse ramo do direito. Neste trabalho, entende-se que o Direito é um só, devendo seus ramos serem interpretados na busca dos mesmos valores.

Um segundo ponto é que a autora entende que somente em face da justiça fiscal e da necessidade de arrecadação é que se pode defender uma argumentação consequencialista jurídica em uma contenda que versa sobre Direito Tributário. O contraponto foi dado por meio da ideia de que qualquer valor imanente ao ordenamento jurídico pode ser utilizado como argumento consequencialista para a interpretação e a aplicação de norma de Direito Tributário. Isso ocorre porque, em uma celeuma tributária, dificilmente se

CONCLUSÕES

discutirá tão somente esse ramo do Direito. Normalmente, o que se vê é uma miríade de ramos do Direito para se explicar a incidência de um tributo.

Foram trazidas quatro Soluções de Consulta (SC) para exemplificar o emprego do argumento consequencialista no seu bojo. A primeira concluiu pela incidência de IRPF sobre o valor recebido por conta da constituição de servidão administrativa. O argumento consequencialista utilizado foi o princípio da universalidade das rendas, que demanda que sobre todas elas incida o referido imposto. A justificação é universal, pois toda a renda, a princípio, deve ser tributada, a não ser, como bem explicado na SC, que haja uma regra clara excluindo uma renda específica.

A segunda Solução de Consulta (SC) refere-se à incidência do IRPF sobre o valor recebido a título de indenização por rescisão, sem justa causa, de contrato de trabalho, no período de estabilidade garantido por convenção coletiva de trabalho homologada pela justiça do trabalho. Essa decisão não ultrapassou o teste de consistência do caminho traçado por MacCormick, pois vai de encontro ao disposto no art. 111 do CTN e no § 6º do art. 150 da CF.

Em seguida, a terceira Solução de Consulta (SC) parte dos §§ 9º e 10 do art. 100 da CF/88, que foram insertos na CF/88 por meio da EC 62, de 2009. A EC teve por objetivo preservar o erário público, salvaguarda esta que é um valor maior preconizado pelo ordenamento jurídico e que, por isso, pode ser utilizada como justificação para uma decisão consequencialista. A universalização da justificação decorre do fato de a decisão de não compensar um crédito de dívida tributária junto à RFB sem que lei a autorize poder ser repetida em face das mesmas circunstâncias.

A última das Soluções de Consulta (SC) vislumbra a proteção à *"economia nacional, evitando concorrência desleal da produção estrangeira com a nacional ou mesmo entre importadores"*. Assim, para proteger a economia nacional, a fiscalização deverá contar com todo o aparato fiscalizador, de modo que a universalidade está nessa proteção e na consequente necessidade de se garantir o poder fiscalizatório da fazenda pública.

O que se quis demonstrar neste trabalho foi a perspectiva de que a Solução de Consulta (SC) pode compreender argumentos consequencialistas jurídicos em seu bojo. Como foi assentado, não existem muitas SC que dão oportunidade ao argumento consequencialista, o que provavelmente é um reflexo da falta de compreensão do Administrador Público quanto à sua legitimidade.

Propiciar ao Coordenador-Geral da Cosit um argumento fixado em um valor ou em um juízo jurídico fará a escolha entre duas alternativas jurídicas viáveis mais consonante com o ordenamento como um todo. Por outro lado, possibilitará ao consulente o seu debate na propositura da consulta.

REFERÊNCIAS

ALVES, Henrique Napoleão; BUSTAMANTE, Thomas da Rosa de. A interpretação literal no direito tributário brasileiro: uma proposta de interpretação para o artigo 111 do CTN. In: ÁVILA, Humberto. *Questões fundamentais de direito tributário*. Madrid: Marcial Pons, 2012.

ATIENZA, Manuel. Entrevista a Neil MacCormick. *Doxa*, v. 29, p. 479-89, 2006.

BENGOETXEA, Joxerramón. Razonamiento jurídico y post-positivismo: la contribución de Neil MacCormick. *Anuario de filosofía del derecho*, n. 26, p. 267-288, 2010.

BRASIL. Constituição da República Federativa do Brasil: promulgada em 5 de outubro de 1988. *Diário Oficial da República Federativa do Brasil*, Brasília, DF, 5 out. de 1988. Disponível em:<http://www.planalto.gov.br/ccivil_03/constituicao/constituicaocompilado.htm>. Acesso em: 15 out. 2015.

BRASIL, **Decreto n. 3000,** de 26 de março de 1999. *Diário Oficial da República Federativa do Brasil*. Brasília, DF, 29 de março de 1999. Disponível em: <http://www.planalto.gov.br/ccivil_03/decreto/d3000.htm>. Acesso em: 5 out. 2015.

BRASIL. Decreto n. 70.235, de 6 de março de 1972. *Diário Oficial da República Federativa do Brasil*, Brasília, DF, 7 de março de 1972. Disponível em: <http://www.planalto.gov.br/ccivil_03/decreto/d70235cons.htm>. Acesso em: 10 out. 2015.

BRASIL. Decreto-Lei n. 1.706, de 23 de outubro de 1999. *Diário Oficial da República Federativa do Brasil*, Brasília, DF, 24 de outubro de 1979. Disponível em: <http://www.planalto.gov.br/ccivil_03/decreto-lei/1965-1988/Del1706.htm>. Acesso em: 2 nov. 2015.

BRASIL. Instrução Normativa RFB n. 1.396, de 16 de setembro de 2013. *Diário Oficial da República Federativa do Brasil*, Brasília, DF, 17 set. de 2013. Disponível em: <http://normas.receita.fazenda.gov.br/sijut2consulta/link.action?visao=anotado&idAto=46030>. Acesso em: 3 nov. 2015.

BRASIL. Lei n. 5.172, de 25 de outubro de 1966. *Diário Oficial da República Federativa do Brasil*, Brasília, DF, 27 out. de 1966. Disponível em: <http://www.planalto.gov.br/ccivil_03/Leis/L5172.htm>. Acesso em: 3 nov. 2015.

BRASIL. Portaria MF n. 203**,** de 14 de maio de 2012. *Diário Oficial da República Federativa do Brasil*, Brasília, DF, 17 de maio de 2012. Disponível em: <http://www18.receita.fazenda.gov.br/legislacao/portarias/2012/MinisteriodaFazenda/portmf203.htm>. Acesso em: 5 nov. 2015.

BRASIL. RECEITA FEDERAL DO BRASIL. Solução de Consulta Interna n. 15, de 14 de setembro de 2012. Sítio da RFB. Brasília, DF, 06 de março de 2015. Disponível em:<http://normas.receita.fazenda.gov.br/sijut2consulta/link.action?visao=anotado&idAto=61767>. Acesso em: 5 nov. 2015.

BRASIL. RECEITA FEDERAL DO BRASIL. Solução de Consulta Interna n. 21, de 14 de setembro de 2012. Sítio da RFB. Brasília, DF, 19 de setembro de 2012. Disponível em:<http://normas.receita.fazenda.gov.br/sijut2consulta/link.action?visao=anotado&idAto=50708>. Acesso em: 5 nov. 2015.

BRASIL. RECEITA FEDERAL DO BRASIL. Solução de Consulta n. 48, de 26 de fevereiro de 2015. *Diário Oficial da República Federativa do Brasil*. Brasília, DF, 18 de março de 2015. Disponível em: <http://normas.receita.fazenda.gov.br/sijut2consulta/link.action?visao=anotado&idAto=62212>. Acesso em: 5 nov. 2015.

BRASIL. RECEITA FEDERAL DO BRASIL. Solução de Consulta n. 63, de 3 de março de 2015. Diário Oficial da República Federativa do Brasil. Brasília, DF, 18 de março de 2015. Disponível em:<http://normas.receita.fazenda.gov.br/sijut2consulta/link.action?visao=anotado&idAto=62218>. Acesso em: 5 nov. 2015.

BRASIL. RECEITA FEDERAL DO BRASIL. Solução de Consulta n. 101, de 27 de novembro de 2014. Diário Oficial da República Federativa do Brasil. Brasília, DF, 5 de dez de 2014. Disponível em:<http://normas.receita.fazenda.gov.br/sijut2consulta/link.action?visao=anotado&idAto=59013>. Acesso em: 5 nov. 2015.

CARVALHO, Paulo de Barros. *Curso de direito tributário*. 24. ed. São Paulo: Saraiva, 2012.

CASÁS, José Osvaldo. A concorrência tributária sob o ângulo da administração. *Revista Internacional de Direito Tributário*, Belo Horizonte, v. 4, p. 159-192, jul./dez. 2005.

DALLA PRIA, Rodrigo. *O direito ao processo*: processo tributário analítico. São Paulo: Dialética, 2003.

DEL MAR, Maksymilian; BANKOWSKI, Zenon (Ed.). *Law as institutional normative order*. Edinburgh Centre for Law and Society: Ashgate Publishing, Ltd., 2013.

DIAZ VICENTE, Óscar. La consulta tributaria antecipada. *Boletín Informativo, Asociación Argentina de Estudios Fiscales (AAEF)*, Buenos Aires, abril de 2003.

ELIZALDE, MAURICIO MARÍN. ¿Los conceptos proferidos por la administración generan responsabilidad para el estado? *Revista de Derecho Fiscal*, 2008.

FOLHA DE SÃO PAULO. *Normas tributárias do Brasil viram livro de 41 mil páginas e 7,5 toneladas*, São Paulo, 25 de março de 2014. Disponível em: <http://www1.folha.uol.com.br/mercado/2014/03/1430486--normas-tributarias-do-brasil-viram--livro-de-41-mil-paginas-e-75-toneladas.shtml>. Acesso em 9 out. 2015.

FUENTES BERNAL, Juan José. Doctrina tributaria oficial y problemas de la hermenéutica jurídica. *Revista de Derecho Fiscal*, n. 4, 2011.

GOMES, Marcus Lívio. *A interpretação da legislação tributária*: instrumentos para a unificação de critério administrativo em matéria tributária. São Paulo: Quartier Latin, 2010.

GÓMEZ, María Begoña Villaverde. Un supuesto de interpretación de las normas tributarias: los efectos jurídicos de las contestaciones a consultas. *Dereito: Revista xuridica da Universidade de Santiago de Compostela*, n. 1, p. 685-715, 2013.

REFERÊNCIAS

KIRALY, CESAR. *O guarda-chuva de regras*: um ensaio sobre a filosofia de Herbert Hart. São Paulo: Giz Editorial, 2008.

LA HART, Hebert. *The concept of law*. Oxford: Oxford University Press, 1961.

_____. *O conceito de direito*. Tradução A. Ribeiro Mendes. v. 3. 3. ed. ampliada. Lisboa: Fundação Calouste Gulbenkian, 1994.

MACCORMICK, Neil. *Legal reasoning and legal theory*. Oxford: Clarendon Press. 1978.

_____. Institutional normative order: a conception of law. *Cornell L. Rev.*, v. 82, 1996, p. 1051.

_____. *Instituciones del derecho*. Tradução de Fernando Atria e Samuel Tschorne, Madrid/Barcelona/Buenos Aires: Marcial Pons, 2011.

_____. Moralistic Case for A-Moralistic Law, A. *Val. UL Rev.*, v. 20, p. 5-7, 1985.

_____. Retórica y estado de derecho. *Isegoría*, n. 21, p. 5-21, 1999.

_____. *Rhetoric and the rule of law*: a theory of legal reasoning. Oxford University Press, 2005.

_____. Universales y particulares. *Doxa*, n. 32 (2009), p. 127-150.

_____.; WEINBERGER, Ota. An institutional theory of law. *Springer Science & Business Media*, 1986.

MARTÍNEZ, Francisco Adame. Naturaleza jurídica y efectos de las contestaciones a consultas tributarias. *Documentos-Instituto de Estudios Fiscales*, n. 28, p. 1-40, 2005.

MAXIMILIANO, Carlos. *Hermenêutica e aplicação do direito*. 20. ed. Rio de Janeiro: Forense, 2011.

MEDINA SALAZAR, Andrés. Competencia de la Dirección de Apoyo Fiscal del Ministerio de Hacienda y Crédito Público – DAF– y de las entidades territoriales para emitir doctrina tributaria. *Revista de Derecho Fiscal*, n. 4, 2011.

MEIRA, Liziane Angelotti. *Tributos sobre o comércio exterior*. São Paulo: Saraiva, 2012.

MEIRELLES, Hely Lopes. *Direito administrativo brasileiro*. 23. ed. atualizada por Eurico de Andrade Azevedo; Délcio Balestero Aleixo e José Emmanuel Burle Filho. São Paulo: Malheiros Editores, 1998.

NETO, Celso de Barros Correia; MEIRA, Liziane Angelotti. Métodos de interpretação e direito tributário. *Nomos*, v. 33, n. 2, 2013.

NOGUEIRA, Johnson Barbosa. *A interpretação econômica no direito tributário*. São Paulo: Editora Resenha Tributária, 1982.

ORTIZ CALLE, Enrique. *La agencia estatal de administración tributaria*. *Boletín Oficial del Estado*, 1998.

PAULSEN, Leandro; ÁVILA, René Bergmann; SKUWJA, Ingrid Schroder. *Direito processual tributário*: processo administrativo fiscal e execução fiscal à luz da doutrina e da jurisprudência. São Paulo: Livraria do Advogado, 2014.

PERELMAN, Chaïm. *Lógica jurídica*: nova retórica. Tradução de Vergínia K. Pupi, São Paulo: Martins Fontes, 2000.

PETROSKI, Karen. Is post-positivism possible. *German LJ*, v. 12, p. 663, 2011.

PISCITELLI, Tathiane dos Santos. *Argumentando pelas consequências no direito tributário*. São Paulo: Noeses, 2011.

PIZA, Julio Roberto. La consulta tributaria. *Revista Derecho fiscal*, p. 115, set. 2008, Universidad Externado de Colombia.

RABENHORST, Eduardo Ramalho. A interpretação dos fatos no direito. *Prima Facie-Direito, História e Política*, v. 2, n. 2, p. 1-11, 2003.

RODRIGUEZ, Manuel Atienza. *As razões do direito*: teorias da argumentação jurídica. Tradução de Maria Cristina Guimarães Cupertino. São Paulo: Landy, 2000.

ROMITA, Arion Sayão. *Direitos fundamentais nas relações de trabalho*. 2. ed. São Paulo: LTr, 2007.

SCHAUER, Frederick. Institutions and the concept of law: a reply to Ronald Dworkin (with some help from Neil MacCormick). *Law as institutional normative order*: essays in honour of sir neil maccormick. M. Del Mar, ed., Ashgate, 2009. Disponível em: <http://ssrn.com/abstract=1403311>. Acesso em: 22 out. 2015.

SCHOUERI, Luís Eduardo. Algumas reflexões sobre a consulta em matéria fiscal. *Cadernos de Direito Tributário e Finanças Públicas*, v. 3, n. 10, p. 119-140, 1995.

SCHUARTZ, Luis Fernando. A desconstitucionalização do direito de defesa da concorrência. *Law Review*, v. 106, p. 741-791, 1993.

_____. Consequencialismo jurídico, racionalidade decisória e malandragem. *Revista de Direito Administrativo – RDA*, Belo Horizonte, n. 248, maio/ago. 2008, p. 130-158.

VERA, Coronado; RAQUEL, María. *La consulta fiscal y su relación con la seguridad jurídica del administrado*. 2004. Tese de Doutorado. Universidad Autónoma de Nuevo León.

ÍNDICE

INTRODUÇÃO   11

1. O CONSEQUENCIALISMO   17

2. A SOLUÇÃO DE CONSULTA   63

3. UMA ARGUMENTAÇÃO CONSEQUENCIALISTA NA DECISÃO
   DE SOLUÇÃO DE CONSULTA   103

CONCLUSÕES   151
REFERÊNCIAS   155